Duden
Lernen lernen

W0048871

Referate Vorträge Facharbeiten

Von der cleveren Vorbereitung
zur wirkungsvollen Präsentation

von Monika und Michael Bornemann, Annegret Ising,
Hans-Jörg Richter und Wencke Schulenberg

mit Illustrationen von Eva Wagendristel

Dudenverlag
Mannheim · Leipzig · Wien · Zürich

Bibliografische Information der Deutschen Bibliothek
Die Deutsche Bibliothek verzeichnet diese Publikation
in der Deutschen Nationalbibliografie;
detaillierte bibliografische Daten sind im Internet über
http://dnb.ddb.de abrufbar.

Das Wort **Duden** ist für den Verlag
Bibliographisches Institut & F. A. Brockhaus AG
als Marke geschützt.

Das Werk wurde in neuer Rechtschreibung verfasst.

Alle Rechte vorbehalten.
Nachdruck, auch auszugsweise, nicht gestattet.
© *Bibliographisches Institut & F. A. Brockhaus AG,*
Mannheim 2003   E D C B
Redaktion: *Martin Bergmann, Birgit Hock*
Herstellung: *Eva Bordemann*
Typographisches Konzept: *Nebe+Topitsch Design, München*
Satz und Gestaltung: *Frey Illustration AGD, Frankfurt a. M.*
Umschlaggestaltung: *Bettina Bank, Heidelberg*
Druck und Bindung: *Stalling GmbH, Oldenburg*
Printed in Germany
ISBN 3-411-71821-8

Vorwort

Liebe Schülerin, lieber Schüler!

Ein Referat halten, zu dem ich als Hausaufgabe bis zur morgigen Stunde auch eine Folie erstellen soll? Einen Vortrag erarbeiten, ihn dann möglichst frei vor der Klasse halten, ohne ins Stocken zu geraten oder hektisch zu werden? Eine Facharbeit mit all ihren formalen Anforderungen entwerfen, das Thema umfassend bearbeiten, die Texte ansprechend formulieren und die Ergebnisse auch optisch gelungen gestalten? – Diese Anforderungen gehören immer mehr zum Schulalltag und erfordern besondere Kenntnisse, Fähigkeiten und Fertigkeiten.

Dieses Buch will dir bei all diesen Aufgaben eine echte Hilfe sein. Es ist so aufgebaut, dass die Kapitel von den überschaubaren zu den anspruchsvollen Präsentationsformen führen, gleichzeitig aber unabhängig voneinander bearbeitet werden können. Du steigst also am besten ganz gezielt mit derjenigen Aufgabenstellung ein, die du als nächstes zu bewältigen hast. Musst du etwa ein Referat vorbereiten, so arbeite dieses Kapitel intensiv durch. Dabei helfen dir viele Querverweise, Wissenswertes aus anderen Kapiteln aufzufinden, sodass du immer alle nötigen Informationen und Tipps erhältst.

Einige durchgehende Elemente helfen dir außerdem, bei der Arbeit den Überblick zu behalten: Tipps, Merkkästen und Checklisten geben dir die Möglichkeit zum Nachschlagen, um Fragen zu beantworten oder bereits Gelesenes in Erinnerung zu rufen. Und Notizen, die für ein bestimmtes Thema wichtig sind, kannst du im Buch eintragen, damit du sie jederzeit wieder findest.

Los gehts! Wir wünschen dir gutes Gelingen der Vorbereitung und viel Erfolg bei der Präsentation!

Autorenteam und *Redaktion*

Auf den **gelben Merkzetteln** sind die wesentlichen Informationen zu einem Thema zusammengefasst!

Viele **Tipps** und weiterführende Hinweise helfen dir, das Besprochene möglichst effektiv umzusetzen.

Nützliche **Checklisten** erinnern dich immer wieder an die Punkte, die du auf jeden Fall beachten musst!

Inhaltsverzeichnis

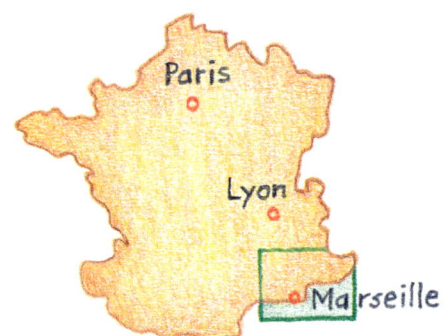

Ein Kurzreferat halten

Vive la France!

Im Französischunterricht beschäftigen sich die Schülerinnen und Schüler mit dem Thema „Land und Leute Frankreichs". Während der Besprechung fällt der Klasse allerdings auf, dass die meisten wenig oder nur sehr vage etwas über die einzelnen Regionen Frankreichs wissen.

Stell dir vor, du erklärst dich bereit, ein Referat zum Thema „Land und Leute Provence-Alpes-Côte-d'Azur" vorzubereiten. Allerdings bleibt dir zur Vorbereitung nur ein Nachmittag Zeit, da die Klasse schon in der morgigen Französischstunde die nötigen Informationen bekommen soll.

Welche Fragen zu „Provence-Alpes-Côte-d'Azur" würden dich interessieren? Führe dazu die angelegte Mind-Map weiter.

[Tipp]

Mind-Map
Denk bei der ersten Ideensammlung an möglichst viele verschiedene Bereiche, z. B.: Politik, Wirtschaft, Kultur ... Später kannst du immer noch entscheiden, was für dein Kurzreferat sinnvoll ist.

Als besonders anregende Methode hat sich die Erstellung einer „Mind-Map" (Gedankenlandkarte) bewährt. Ausgehend vom Thema werden die Gedanken an drei bis vier Hauptarmen gesammelt.

Mehr zum Thema „Mind-Map" findest du auf Seite 62

Mind-Map: Provence – Alpes – Cote d'Azur

Provence

Nizza, Cannes

Lavendel, Parfum

Was ist ein Referat?

Der Begriff „Referat" ist eine Sammelbezeichnung für verschiedene Formen des Sachberichts und heißt wörtlich „er möge berichten" (von lateinisch „referre"). Als Referat kann eine kurze schriftliche Zusammenfassung, aber auch eine umfangreiche schriftliche Arbeit von 30 Seiten gemeint sein.

Im vorliegenden Zusammenhang wird der Begriff verwendet, wenn vom Referenten ein Vortrag erwartet wird. Bei einem Kurzreferat geht es darum, grundlegende Informationen zu einem eingegrenzten Thema zu vermitteln. Die Informationen werden in Bezug auf das Thema unkundigen Zuhörern gegeben. Deshalb ist es notwendig, ihnen die Möglichkeit zu geben sich einzudenken, indem der Referent zuerst das Thema erläutert und einen kurzen Überblick über das Referat gibt. Zumeist wird von dem Vortragenden erwartet, dass Orientierungshilfen für die Hörer in Form einer Folie oder eines Thesenpapiers/ eines Handouts gegeben werden.

Kurzreferat:
→ dient der Informations-vermittlung
→ das Hauptaugenmerk wird auf den mündlichen Vortrag gelegt
→ dem Thema angemessener Umfang

Wenn das Thema geklärt und genau durchdacht ist, sind folgende Arbeitsschritte zu bewältigen:

CHECKLISTE

- Informationen sammeln (Recherche)
- Informationen verarbeiten
- Vortrag vorbereiten
- Vortrag halten – Thesen visualisieren
- Vortrag auswerten

Anforderungen an dein Referat:

mündlich ○ schriftlich ○

Umfang? _____

Vorbereitungszeit _____

Anschauungsmaterial vorbereiten (Folien) bzw. mitbringen (Landkarten, Reise-führer o. Ä.)

_____

_____

Wer den Auftrag zu einem Referat annimmt, sollte vor Beginn der eigentlichen Arbeit mit seinem Betreuer genau abklären, welche Anforderungen gestellt werden.

Eine exakte Angabe über die sinnvolle Dauer eines Kurzreferats ist nicht einfach zu geben. Der Umfang sollte sich immer nach dem Thema richten. Generell gilt aber, dass ein im Zuhören ungeübtes Publikum dem Vortragenden nicht länger als höchstens 15 Minuten konzentriert folgen kann. Zusätzlich sollte auch Zeit zur anschließenden Auswertung mit eingeplant werden. Erfahrungsgemäß ist diese Phase des Referats sehr schwer absehbar. Oftmals mündet das Referat in einer Diskussion, in der der Referent weiterhin als Fachmann, nicht aber als Diskussionsleiter gefordert ist.

Informationen sammeln – die Recherche

Bei einem Kurzreferat wird das Material aufgrund des engen zeitlichen Rahmens manchmal vorgegeben. Meistens aber muss der Referent das geeignete Material selbst beschaffen.

Dabei ist zu beachten, dass man einerseits sich nicht zu schnell zufrieden gibt, andererseits aber auch nicht in der Materialfülle den Überblick verliert.

Es bieten sich zahlreiche Möglichkeiten, um an geeignete Materialien für das Referat zu gelangen, aber nicht alle sind immer gewinnbringend.

Möglichkeiten der Recherche:

> Die wesentliche Leistung in der Recherche besteht darin, einen guten Überblick zu gewinnen, das Wichtigste herauszufinden und die Informationen in eine sinnvolle Reihenfolge zu bringen!

a) Private Bibliothek: allgemeines Lexikon, Reiseführer ✓
b) Öffentliche Bibliothek: Fachbuch zur französischen Geographie
c) Museumsbesuch (Museumskatalog)
d) Fernleihe: französischsprachiges Fachbuch zur Stadtentwicklung
e) Recherche vor Ort
f) Expertenbefragung (z.B. Nachbar oder Geographielehrer)
g) Internet
h) Umfrage
i) Anfrage beim französischen Touristikbüro
j) Fernsehberichte
k) Stichwortkatalog in der Bücherei
l) Verfasserkatalog in der Bücherei

[Tipp]

Auswahlkriterien …
… für Kurzreferatmaterial

– kurzfristig verfügbar
– begrenzter Umfang
– leichte Verständlichkeit

Fallen dir weitere Möglichkeiten ein?

Informationen verarbeiten

Sobald du einen Text gefunden hast, der für das Referat grundlegend erscheint, kommt es auf eine sorgfältige Textarbeit an.
Hier ein paar praktische Tipps:

[Tipp] **Verfügbarkeit**
Manchmal sind Materialien nicht oder nicht so rasch verfügbar wie erforderlich. Überleg dir Alternativen!

CHECKLISTE

- Lös Abkürzungen auf! Die Bedeutung der gängigen Abkürzungen findest du in jedem guten Nachschlagewerk zur Rechtschreibung (z. B. Duden, Band 1, „Die deutsche Rechtschreibung")
- Schlag die Bedeutung der dir unbekannten Begriffe nach!
- Unterstreich die wichtigsten Informationen! Benutze evtl. auch verschiedene Farben!
  Achtung: Beginn nicht planlos alles zu unterstreichen, sondern setze Schwerpunkte. Benutze nicht zu viele Farben, sonst verlierst du den Überblick.
- Markier dir Textstellen mit bestimmten Zeichen, die dir etwas sagen (und bleibe dann auch bei diesen), z. B.: das Ausrufezeichen (!) für Textpassagen, die dich besonders beeindruckt haben.
- Notier dir genau, was du durchgearbeitet hast und wo du deine Quelle wieder findest.

[Tipp] **Texte,**
die bearbeitet werden müssen, solltest du dir fotokopieren – evtl. auch vergrößern –, um Platz für deine Anmerkungen zu haben. Achtung: Nicht wahllos alles fotokopieren. Das meiste landet am Ende oftmals unbenutzt im Papierkorb!

Nun bist du gefragt. Versuche den folgenden Lexikonartikel mithilfe der genannten Tipps zu bearbeiten. Welche Informationen enthält der Text, die für das Kurzreferat wichtig sind?

CHECKLISTE

Zum Umgang mit Textmaterial

- Sorgfältig am Text arbeiten (Text gründlich durchlesen, Unterstreichungen und Randnotizen anbringen)
- Stoff ordnen und gliedern
- Schwerpunkte setzen
- Bezüge herstellen

Provence-Alpes-Côte-d'Azur, Region in SO-Frankreich, zw. unterer Rhône und ital. Grenze, umfasst die Dép. Alpes-de-Haute-Provence, Bouches-du-Rhône, Var, Vaucluse (Provence) sowie Alpes-Maritimes und Hautes-Alpes, 31 400 km^2, 4,5 Mio. Ew.; Hauptstadt ist Marseille. Die Region umfasst das untere Rhônetal, das Rhônedelta einschließlich der Crau und die schmalen, nur durch die bis ans Meer herantretenden Massive der Monts des Maures und des Estérel unterbrochenen Küstenstreifen der Provence und der Côte d'Azur (Riviera) am S-Fuß der Seealpen.

Im hoch urbanisierten Küstensaum mit den Zentren Marseille, Toulon, Cannes und Nizza sowie in den Tälern von Durance und Rhône leben über 80 % der Bev. der Region. Das untere Rhônetal ist eines der wichtigsten Agrargebiete des Midi mit Obst- und Gemüsekulturen sowie Weinbau. Die Erzeugnisse werden v. a. auf den Großmärkten von Châteaurenard und Cavaillon vermarktet sowie z. T. in der verarbeitenden Industrie (Schwerpunkt in Avignon) verwertet. Auch im Rhônedelta mit dem Hauptort Arles ermöglichten Bewässerungsmaßnahmen Obst- und Erwerbsgartenbau. In der Camargue wurden Reis-, Wein- und Obstbau entwickelt. Der Bewässerung des Küstengebiets um Toulon dient der →Provencekanal. An der Mittelmeerküste sind Weinbau zw. Marseille und Nizza sowie Blumenkulturen (Côte d'Azur), v. a. für die Parfümindustrie, von großer Bedeutung. Während in den niederschlagsarmen Kalkvoralpen und den Bergländern der südl. Provence überwiegend extensive Schafweidewirtschaft betrieben wird, sind die fruchtbaren Becken Anbaugebiete für Getreide, Reben (Spitzenweine der Provence sind leichte Roséweine, der trockene weiße Cassis und v. a. der rote Bandol) und Oliven. (...)

[aus: Brockhaus – Die Enzyklopädie, 20. Auflage]

Vortrag vorbereiten

Es ist eine Sache der Abmachung, ob und, wenn ja, wie das Referat schriftlich dargestellt werden soll. Bei einem Kurzreferat ist häufig nur an den Vortrag gedacht. Je freier dieser gehalten wird, desto eher wird das Publikum angesprochen.

Um wirklich frei zu sprechen, empfiehlt es sich, lediglich Stichwörter auf Karteikarten zu notieren.

[Tipp]

Karteikarten
Das Anlegen von Karteikarten hilft dir Informationen zu ordnen. Durch das lose System der Karten ist ein Neuordnen jederzeit möglich.
Aber Vorsicht, dass keine Karte verloren geht!

Verschieden farbige Karteikarten helfen, das Hauptthema von weniger wichtigen Themen zu unterscheiden!

Marseille

- Hauptstadt des Dép.
  (→ auf Karte zeigen)
- Ca. 1 Mio. Einwohner
- Bedeutende Hafenstadt
- Universität (Kultur!))

Landwirtschaft

Leg eine zweite Karteikarte für die landwirtschaftliche Nutzung des Raumes an!

Vortrag halten und auswerten

Tipps für die Referentin/ den Referenten

CHECKLISTE

- Laut, deutlich und flüssig sprechen.
- Möglichst frei reden – nicht ablesen, nichts auswendig aufsagen!
- Blickkontakt mit den Zuhörern suchen!
- Anschauungsmaterial (Folien, Bilder, passende Gegenstände o. Ä.) präsentieren!
- Verständlich formulieren!
- Vortragsdauer dem Thema angemessen kalkulieren!

Tipps für die Zuhörer von Referaten

CHECKLISTE

- Nicht alles mitschreiben! Lediglich Schlüsselwörter (Stichpunkte) notieren.
- Kritik nicht während, sondern im Anschluss an den Vortrag anbringen! Bei akustischen Problemen (Referent spricht zu leise, ist den Zuhörern abgewandt) direkte Rückmeldung.
- Rückfragen (?), Bemerkenswertes (!) kennzeichnen und in die abschließende Diskussion einbringen!
- Referat selbstständig nacharbeiten und vertiefen!

Nachdem die Zuhörer interessiert dem Vortrag gefolgt sind, musst du ihnen Gelegenheit geben Rückfragen zu stellen. Oftmals bedarf es einzelner Begriffsklärungen, Richtigstellungen oder der Wiederholung bestimmter Sachverhalte. Viele Rückfragen müssen nicht darauf hindeuten, dass das Referat nicht gelungen war!

Notier dir hier, worauf du bei deinem nächsten Referat achten willst.

Texte lesen und verstehen

Was man bei der Erschließung eines Lexikonartikels beachten muss, um die Informationen verarbeiten zu können, hast du bereits kennen gelernt. Wie muss nun ein längerer Text gelesen werden, um ihn möglichst gut zu verstehen, sodass du alle Informationen und Gedanken des Textes möglichst gut für dein Referat auswerten kannst? Hierbei hilft dir die folgende Lesemethode.

Die Checkliste auf Seite 11 hilft dir dabei, Informationen zu verarbeiten!

[Tipp]

Fragen an den Text richten
Schreibe die Fragen beim ersten Üben der Lesemethode tatsächlich auf einen Notizzettel.
Bist du geübter, dann kannst du die Fragen im Kopf klären.

Fünf Arbeitsschritte zum Textverständnis

→ **Erstes Lesen: einen Überblick über den Text gewinnen**
Überflieg den Text und achte dabei auf Überschriften, Zwischenüberschriften oder Hervorhebungen.

→ **Fragen an den Text richten: grundlegende Informationen herausfiltern**
Stell und beantworte die W-Fragen (Wer? Wie? Wann? Wo? Warum?). Auf welche weiteren Fragen gibt dir der Text noch Antworten?

→ **Zweites Lesen: den gedanklichen Aufbau des Textes verstehen**
Lies den Text gründlich und konzentriert und markier dabei Schlüsselwörter und Kernaussagen.

→ **Notizen machen: das Verstandene zusammenfassen**
Fass jeden Abschnitt des Textes in eigenen Worten zusammen. Stütz dich hierbei auf die bereits markierten Schlüsselwörter und Kernaussagen. Überleg, ob der Abschnitt eine These formuliert, eine Begründung liefert, ein Beispiel gibt oder eine Schlussfolgerung zieht.

→ **Wiederholen: das Erarbeitete zusammenführen und behalten**
Lies dir deine Notizen im Zusammenhang durch und stell für dich die Gedankenführung von Abschnitt zu Abschnitt des Textes heraus.

Im Folgenden findest du eine Textpassage aus einem längeren Aufsatz mit dem Titel „Frankreich: verunsicherte Großmacht". Die fünf Arbeitsschritte helfen dir, den anspruchsvollen Text zur Geschichte Frankreichs zu verstehen.

(...)
Mit der Unterzeichnung des Versailler Vertrages 1919 und erst recht nach dem für Frankreich negativen Ausgang der Ruhrbesetzung 1923 war aus französischer Sicht das wichtigste Ziel verfehlt, das man aufgrund der Erfahrungen des Ersten Weltkrieges verfolgte: Die angestrebte nationale Sicherheit stellte sich nicht ein. Während der Friedenskonferenz wurde Frankreich von den USA und Großbritannien zu verschiedenen Kompromissen gezwungen, die nach französischer Auffassung verhinderten, dass der Versailler Vertrag das Ungleichgewicht zwischen Frankreich und Deutschland auszugleichen vermochte. Ein solcher Ausgleich schien bei Kriegsende nicht nur deswegen bitter nötig, damit von Deutschland nicht wieder eine Gefahr ausginge, sondern auch, weil Frankreich nach dem Krieg, der sich auf dem Boden seiner bedeutendsten Wirtschaftsregion zerstörerisch abgespielt hatte, ausgelaugt und erschöpft war. Das französische Verlangen nach Sicherheit blieb unerfüllt. Dies zeigte sich, als die USA den Versailler Vertrag nicht ratifizierten und auch die vorgesehene angloamerikanische Sicherheitsgarantie nicht zustande kam. Da Frankreich nun ganz und gar auf die Karte der eigenen Militärmacht setzte und hochgerüstet als europäische Führungsmacht operierte, die das Deutschland der Weimarer Republik niederhalten wollte, befand sich das Land bald in einer isolierten Stellung und musste sich den Vorwurf des Militarismus gefallen lassen. (...)

In Frankreich, das aus dem Ersten Weltkrieg als Schuldnerland hervorgegangen war, machte sich die kostspielige Militärpolitik in Gestalt einer Schwäche des Franc bemerkbar, sodass Frankreich nach amerikanischen Krediten rief und sich auf diese Weise zu einer Umorientierung seiner Sicherheitspolitik gezwungen sah. Einschneidend für das französische Sicherheitsdenken war, dass (...)

1) Erstes Lesen
Der erste Satz eines jeden Abschnitts enthält fast immer dessen Kernaussage .

2) Fragen an den Text richten
→ Worum geht es in der Textpassage?
Es geht um die Auswirkungen des Versailler Vertrags für das Sicherheitsdenken Frankreichs.
→ Wer ist im Wesentlichen beteiligt?
USA, Deutschland, Frankreich
→ Sicherheit gegenüber wem?
Deutschland
→ Warum ist eine besondere Sicherheit Deutschland gegenüber notwendig?

3) Zweites Lesen
Schlüsselwörter und Kernaussagen farbig markieren.

4) Fass den Inhalt jeder Textpassage mit eigenen Worten zusammen.

5) Lies deine Notizen noch einmal durch, um den Gesamtzusammenhang zu erfassen.

Detaillierter informieren –
das Referat

Ein Referat aus dem Internet

Mehr zum Thema „Lesetechnik" findest du auf den Seiten 11 und 16

Dass du dein Referat nicht einfach aus dem Internet abschreiben kannst, ist dir ganz sicher klar – sonst würdest du dieses Buch nämlich nicht lesen. Inzwischen haben sich auch die meisten Lehrer mit dem Computer angefreundet und wissen längst, dass unter so bekannten Adressen wie „hausaufgaben.de" oder „schulhof.de" Referate zu allen möglichen Themen zu finden sind. Thema suchen, ein vorgefertigtes Referat ausdrucken, durchlesen, den eigenen Namen einsetzen – schön wärs, aber so leicht lässt sich heute kein Lehrer mehr blenden. Zudem bietet sorgfältig erarbeitetes Wissen den Vorteil, auch auf Fragen von Lehrern und Mitschülern souverän reagieren zu können, schließlich bist du so richtig im Thema drin. Und nichts ist peinlicher, als vor der gesamten Klasse zugeben zu müssen, kritiklos abgeschrieben zu haben…

Dennoch kann dir das Internet bei jedem Referat gute und wichtige Dienste leisten – vorausgesetzt, du weißt das Medium clever zu nutzen. Dazu musst du erstens wissen, wie das Internet funktioniert, und zweitens die Informationen, die dir angeboten werden, sorgfältig bewerten. Internetangebote werden hinsichtlich ihrer Qualität von niemandem beurteilt, und so gibt es keine Garantie, dass die Informationen richtig, vollständig und gut verständlich sind.

[Tipp]

Kostenfaktor
Um Kosten zu sparen, solltest du dir die Informationen zunächst aus dem Internet auf deinen Computer speichern (downloaden) und dann offline lesen!

Ursprünglich war das Internet dazu gedacht, Nachrichten in einem weltweiten Netzwerk von Computern auszutauschen. In der Zwischenzeit allerdings haben sich verschiedene Dienste herausgebildet, die du in unterschiedlicher Weise nutzen kannst:

E-Mails zu senden und zu empfangen ist kinderleicht; du kannst mit deinem Fachlehrer kommunizieren, Informationsstellen um Auskunft und Material bitten, Kontakt zu Museen aufnehmen …

Auch eine *Suchmaschine* ist nur ein Computer – nichts weiter als eine riesige Datenbank, die Textinformationen zu Internetadressen enthält. Um Informationen zu finden, gibst du den Begriff, der dich interessiert, in die entsprechende Zeile auf der Startseite ein. Die unterschiedlichen Suchmaschinen (zum Beispiel yahoo.de, yahooligans.de, google.de, altavista.de, lycos.de) haben verschiedene Suchstrategien, sodass du dich am besten an die Hinweise hältst, die dir die Onlinehilfe bietet.

Ähnlich einem echten Portal öffnet dir auch ein **Internetportal** den Weg zu zahlreichen Informationen. Dein Vorteil: Im Gegensatz zu einer Suchmaschine, die dir unzählige Informationen gänzlich unbewertet liefert, ist ein Portal vorstrukturiert. Verschiedene Anbieter eines gleichen oder ähnlichen Produktes schließen sich zusammen und stellen ihr Wissen gebündelt und systematisiert ins Internet. So findest du unter *www.schuelerlexikon.de* zum Beispiel die aktuelle Version zahlreicher Lexika für die Schule, aktuelle und thematisch sortierte Linklisten und du kannst dir Bilder und Vidoes zum Thema ansehen.

Wenn du – vielleicht im Rahmen einer Facharbeit – auf aktuelle Daten oder Forschungsergebnisse angewiesen bist, dann macht es durchaus Sinn, dich einer **Newsgroup** anzuschließen. Über deinen Browser verschaffst du dir Zugang zu einem Newsserver und meldest dich dann entsprechend an.

[Tipp]

Webpräsenz

Tages- und Wochenzeitungen, Universitäten und Hochschulen, Bibliotheken und Organisationen aller Art sind ebenfalls im Internet vertreten. Diese Homepages bieten dir häufig aktuelles Zahlenmaterial und interessantes Hintergrundwissen.

Informationen suchen

Auf Seite 9 findest du eine Checkliste mit den wichtigsten Schritten! Halt dich auch bei einem ausführlichen Referat an dieselbe Reihenfolge!

Mit den Übungen in den ersten beiden Kapiteln hast du schon ganz zentrale Arbeitstechniken zur Erarbeitung und Präsentation von Informationen und Daten im Rahmen eines Kuzreferats kennen gelernt.

Die folgenden Hinweise und Übungen sollen dir dabei helfen, über ein umfangreicheres Thema zu informieren bzw. ein Teilgebiet genauer zu bearbeiten und vorzustellen.

Die einzelnen Arbeitsschritte sind wieder dieselben:

CHECKLISTE

- Informationen suchen
- Texte und andere Informationsquellen verstehen
- wichtige Informationen auswählen und
- zu einem eigenen Vortrag verarbeiten

[Tipp]

Materialien finden

- Wenn du den Autor oder die Autorin eines Werks kennst, kannst du im **Autorenkatalog** nachschlagen!
- Wenn du weniger gezielt suchen und dir zunächst einen ersten Überblick verschaffen möchtest, kannst du im **Schlagwortkatalog** nachschlagen!
- Oft werden wissenschaftliche Ergebnisse erst in Zeitschriften veröffentlicht, bevor sie als Buch erscheinen, deshalb findest du **die aktuellsten Informationen** zu einem Thema häufig **in Fachzeitschriften**.
- Auf jeden Fall ist es ganz wichtig, dir die **Signatur** zu notieren!

In einer öffentlichen Bibliothek

Du suchst also Informationen zu einem bestimmten Thema, dazu machst du dich auf den Weg zu einer Bücherei. In einigen Bibliotheken gibt es noch „Zettelkataloge", in denen die Bücher, die man dort lesen oder ausleihen kann, nach einem bestimmten System katalogisiert sind.

Im **Autorenkatalog** sind die Werke nach dem Namen des Autors bzw. der Autorin alphabetisch sortiert. Im **Schlagwortkatalog** sind Bücher oder auch Zeitschriftenartikel zu einem bestimmten Themengebiet zusammengefasst. Auf den Karteikarten beider Kataloge befindet sich eine so genannte **Signatur**, das ist eine Buchstaben-Zahlen-Kombination, die den genauen Standort des Buches angibt.

Auf einem Übersichtsplan in der Bibliothek kannst du dann feststellen, wo sich das entsprechende Buch befindet.

Stell dir also vor, du sollst ein Referat zum Thema *„Frankreich – Geographie und touristische Ziele"* halten. Du gehst also in eine Bibliothek; falls diese noch nicht mit einem Computersystem ausgestattet ist, gehst du in den Katalograum und suchst im Schlagwort- und dann im Autorenkatalog unter den Stichwörtern *„Frankreich"* und *„Tourismus".*

Beachte die Hinweise auf Seite 16!

Die meisten Büchereien sind heute allerdings mit Computern ausgestattet. Das Prinzip jedoch, nach dem man Literatur suchen muss, ist weitgehend gleich geblieben. Du kannst die im Folgenden aufgeführten Begriffe in den Computer eingeben:

- **Autor** bzw. **Autorin**
- **Thema** bzw. **Schlagwort**
- Wichtig: Schreib dir unbedingt die **Signatur** auf

Die Computerrecherche bietet im Vergleich zu den Zettelkästen einige Vorteile:

- Du kannst von einem Arbeitsplatz aus nach unterschiedlichen Kriterien suchen!
- Du kannst gleichzeitig nach verschiedenen Kriterien suchen!
- Du kannst – in den meisten Fällen – feststellen, ob das Buch noch ausleihbar ist!
- Da alle Bücher, die auf der Welt erscheinen, eine Nummer, die so genannte Internationale Standardbuchnummer **(ISBN)** erhalten, kannst du in den meisten Computerkatalogen auch diese Nummer eingeben, um das gesuchte Buch zu finden!

CHECKLISTE

Erste Bewertung von Materialien

- Sind die Informationen aktuell?
- Sind die Informationen verständlich?
- Sind sie in Bezug auf meine Aufgabenstellung hilfreich?
- Ist zu vermuten, dass sie sachlich und objektiv sind?

Die Karteikarten bzw. die auf dem Bildschirm angezeigten Ergebnisse der Computerrecherche enthalten außer dem Titel, dem Namen des Autors und der Signatur noch weitere wichtige Informationen, die dir bei der ersten Einschätzung des Materials hilfreich sein können.

1. Du erfährst, wann ein Buch veröffentlicht worden ist!
Liegt das Erscheinungsjahr nicht weit zurück, dann sind die Informationen, die du darin finden kannst, vermutlich recht aktuell!

2. Du erfährst, wie viele Seiten das Buch hat und in welchem Verlag es veröffentlicht worden ist!

Die folgenden Beispiele zeigen dir, wie du Buchtitel zur Vorbereitung deines Referates „Frankreich – Geographie und touristische Ziele" bewerten kannst:

Hm... nicht mehr ganz frisch...

- Comité du Tourisme, La France, Guide Camping Caravaning, Paris 1983.
  → Offensichtlich in französischer Sprache
  → Ausgerichtet auf Camping   *veraltet, zu speziell*
  → Informationen relativ alt

- Der FRANKREICH-Brockhaus, Wiesbaden 1982.
  → Frankreichlexikon von 1982   *veraltet*

- POLYGLOTT-Redaktion (Hg.), Städteführer Europa, München 1984.
  → Reiseführer für verschiedene europäischen Städte, Daten von 1984 und früher   *zu allgemein*

- Peter Mayle, Mein Jahr in der Provence, München 2000.
  → eher literarisch als sachlich und informativ   *kein Sachbuch*

- Brockhaus Länder und Städte, Frankreich – Paris, Leipzig/Mannheim 1997.
  → relativ aktuelle Informationen; vermutlich sachliche und objektive Informationen zum Thema   *geeignet!*

Sachtexte lesen

Wenn du geeignetes Material gefunden hast, geht es darum, es mit Verstand zu lesen und effektiv auszuwerten! So zum Beispiel den folgenden Text.

Frankreich erstreckt sich vom atlant. Ozean im NW und W bis zum Mittelmeer im S. Diese Küstenregionen laden jedes Jahr viele Millionen Menschen zum Strandurlaub ein. Dabei sind die klimatischen Bedingungen dieser Gebiete sehr unterschiedlich, im W und NW herrscht ein eher raues atlantisches Klima, während die Côte d'Azur durch ein mildes Mittelmeerklima bestimmt ist. Im SW reicht Frankreich bis auf den Kamm der Pyrenäen, im SO auf den der Westalpen, diese Hochgebirgsregionen laden im Sommer zu sportlichen Wander- und Klettertouren ein. Im Winter sind sie gern besuchte Skigebiete. Auch für sportlich weniger ambitionierte, dennoch aber aktive Urlauberinnen und Urlauber hat Frankreich etwas zu bieten. Im O bis in die oberrhein. Tiefebene, im NO bis zum Rhein finden sich zahlreiche Wander- und Spazierwege, die durch eine reizvolle Mittelgebirgslandschaft führen. Die Oberflächengestalt Frankreichs ist vorwiegend durch den Wechsel von Mittelgebirgen und ineinander übergehenden Beckenlandschaften charakterisiert. Die damit gegebene gute Durchgängigkeit ermöglichte schon in vorgeschichtl. Zeit Fernwege, an denen sich berühmte Handelsstädte entwickelten. Die verästelten Systeme der Hauptströme wurden früh durch Kanäle verbunden, die heute allerdings vielfach veraltet und wieder aufgegeben worden sind und daher für Kanufahrten und Bootstouren besonders geeignet sind. Zentrallandschaft Frankreichs ist (seit der histor. Verlagerung des polit. und kulturellen Schwergewichts aus dem Mittelmeergebiet nach Paris) das Pariser Becken. Die Landschaftsstufen haben ihre heutige Gestalt z. T. erst während des periglazialen Klimas der letzten Eiszeit erhalten.

Die ersten Arbeitsschritte beim Umgang mit solchen Texten kennst du ja schon. Die Checkliste hilft dir, falls du dich nicht mehr an alles erinnerst.

An einzelnen Stellen kommst du mit der Bearbeitung sicher nur mit Schwierigkeiten weiter, weil du Wörter oder Begriffe nicht kennst. Es ist wichtig, dass du die Bedeutung der zentralen Fachbegriffe (oder der Wörter, die aus anderen Gründen unentbehrlich für das Verständnis des Textes sind) genau kennst.

Wie wichtig es ist, im richtigen Lexikon nachzuschlagen, um die Bedeutung von Fachbegriffen zu klären, kannst du auf der nächsten Seite sehen.

CHECKLISTE

Schritte einer Textarbeit
- Abkürzungen auflösen
- Wichtige Informationen unterstreichen (unterschiedliche Farben benutzen)
- Textmarkierungen:
  ! besonders wichtig
  ? (noch) nicht ganz klar
  oder Wörter, Begriffe, die nachgeschlagen werden müssen
- Wichtige Stichwörter am Rand notieren
- Quelle genau notieren

[Tipp] **Hilfsmittel**

Manchmal ist es hilfreich, neben einem **Wörterbuch** und einem **Fremdwörterlexikon** noch andere Hilfsmittel direkt zur Hand zu haben:

Erdkunde → Atlas
Mathematik → Formelsammlung
Religion → Bibel

und **fachspezifische Lexika** bzw. Schülerduden zu benutzen.

[Tipp]

Gebrauch von Fremdwörtern und Fachbegriffen

Verwende in deinem Referat nicht zu viele Fremdwörter und Fachbegriffe, deine Zuhörerinnen und Zuhörer sind sonst überfordert. Natürlich musst du in deinem Referat die wichtigsten Fachbegriffe nennen, damit auch die anderen diese lernen und sich einprägen können. Du solltest sie aber – spätestens wenn deine Mitschülerinnen oder Mitschüler dich danach fragen – auch mit eigenen Worten erklären können!

Vermeide es auf jeden Fall, einen Begriff, den du selbst nicht verstanden hast, zu verwenden, nur weil du meinst, dass dein Referat dadurch besonders gut wird.

Unbekannte Wörter verstehen – Arbeit mit dem Rechtschreib- und dem Fremdwörterbuch

Wenn du den Begriff Becken nachschlägst, findest du in einem Biologielexikon eine völlig andere Erklärung als in einem Geographielexikon. In einem Universallexikon wirst du mehrere Einträge für einen Begriff finden. Es ist wichtig, dass du selbst genau weißt, in welchem Zusammenhang der Begriff bei dir im Text verwendet wird.

> **Becken, 1)** *allg.:* große flache Schüssel; auch eingefasste Wasserfläche, Bassin. **2)** *Anatomie:* der → Beckengürtel. **3)** *Geographie:* größere, mehr oder weniger geschlossene schüsselförmige Eintiefung der Erdoberfläche; bei rundl. Grundriss spricht man von einem Kessel, bei längl. von einer Wanne oder einem Graben. In den B. der Trockengebiete finden sich häufig Salzseen (→ Salzpfannen). B. entstehen durch Krustenbewegungen (Senkungsfelder, Grabenbrüche), Abtragung oder Meteoriteneinschläge. **4)** *Geologie:* größerer Sedimentationsraum mit meist schüsselförmig gelagerten, oft nachträglich, z. T. aber auch schon während der Sedimentation lagegestörten Schichten; infolge späterer Auffüllung mit weiteren Sedimenten heute oft äußerlich nicht mehr als Becken zu erkennen, z. B. das Thüringer Becken sowie die tertiären Sedimentationsräume des Mainzer, Pariser und Wiener Beckens. **5)** *Musik:* Schlaginstrument, das aus zwei tellerförmigen Metallscheiben besteht, die gegeneinander geschlagen oder, beim hängenden Becken, das aus nur einem Beckenteller besteht, mit einem Schlägel angeschlagen werden. (...)

[aus: Brockhaus - Die Enzyklopädie, 20. Auflage]

> **periglazial** *(gr.; lat.):* (Geogr.) Erscheinungen, Zustände, Prozesse in Eisrandgebieten, in der Umgebung vergletscherter Gebiete betreffend
>
> [aus: Duden, Band 5: Das Fremdwörterbuch]

Das Wort „periglazial" ist auch noch ein wichtiges Beispiel. Wenn du dieses Wort klären möchtest, hilft der Blick in ein allgemeinsprachliches Wörterbuch nicht weiter. Dort findest du gar keinen Eintrag. Du musst also in diesem Fall in einem Fremdwörterbuch nachsehen. Da dieser Eintrag hier sehr knapp gefasst ist, musst Du nun entscheiden, ob er dir für das Verständnis des Textes ausreicht oder ob du lieber in einem speziellen Geographielexikon – zum Beispiel im „Schülerduden – Erdkunde II" – nachschlagen möchtest. An dieser Stelle können wir schon ein weiteres Prinzip für die Vorbereitung von Referaten ansprechen: Gute Materialien bieten dir eine Fülle von Informationen zu deinem Thema, aber welche sind wirklich wichtig?

Wichtiges von Unwichtigem trennen

Folgende Informationen könntest du auf deinen Karteikarten gesammelt haben. Sicher erkennst du selbst, dass einzelne davon sehr wichtig für dein Referat sind, während du andere durchaus zunächst an die Seite legen kannst.

[Tipp] Überprüfe ...
... immer wieder, ob das, was du an Informationen vermitteln willst, wirklich etwas mit dem Thema zu tun hat!
Wenn du dir unsicher bist, frag deine Lehrerin oder deinen Lehrer!

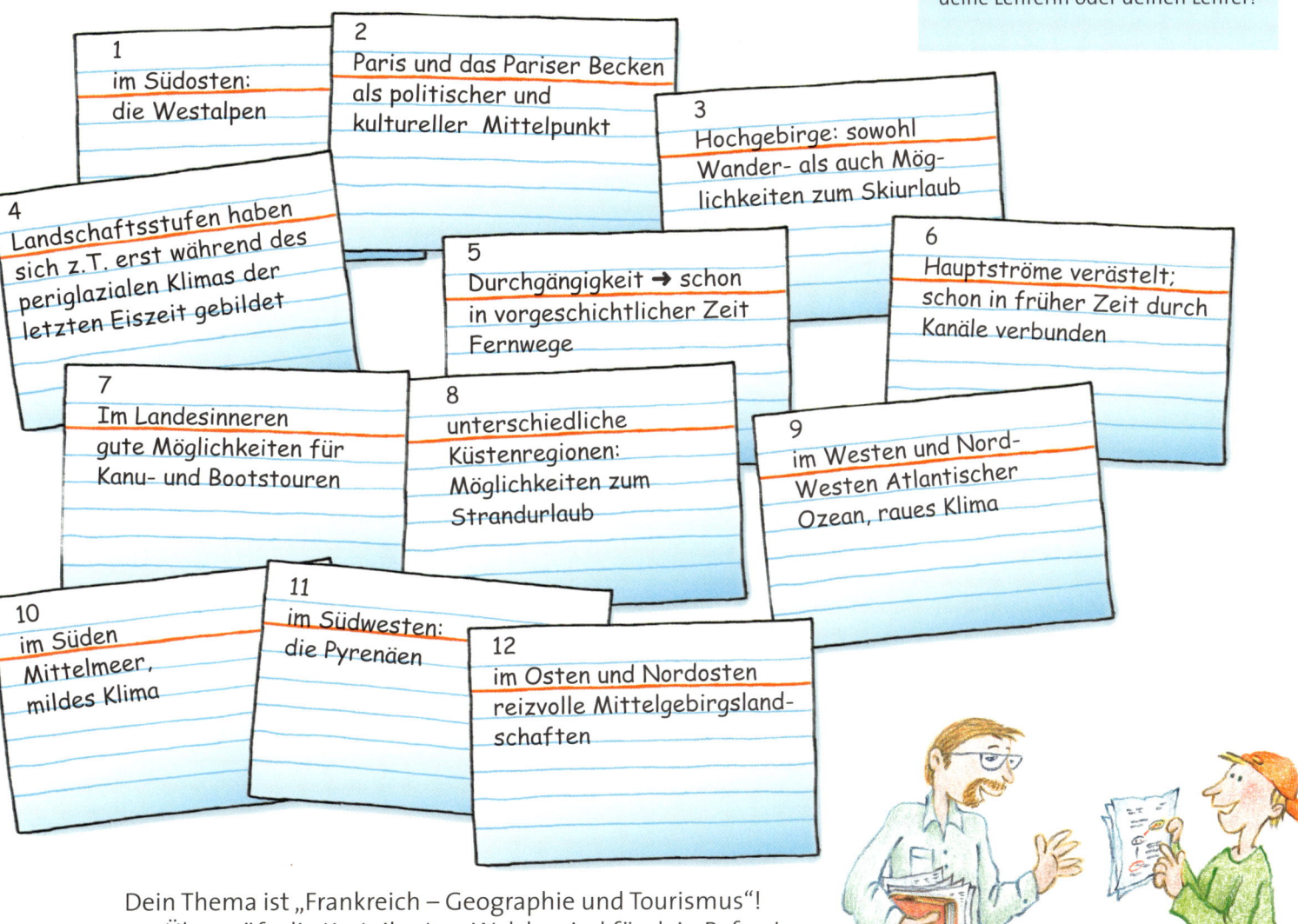

1 im Südosten: die Westalpen

2 Paris und das Pariser Becken als politischer und kultureller Mittelpunkt

3 Hochgebirge: sowohl Wander- als auch Möglichkeiten zum Skiurlaub

4 Landschaftsstufen haben sich z.T. erst während des periglazialen Klimas der letzten Eiszeit gebildet

5 Durchgängigkeit → schon in vorgeschichtlicher Zeit Fernwege

6 Hauptströme verästelt; schon in früher Zeit durch Kanäle verbunden

7 Im Landesinneren gute Möglichkeiten für Kanu- und Bootstouren

8 unterschiedliche Küstenregionen: Möglichkeiten zum Strandurlaub

9 im Westen und Nord-Westen Atlantischer Ozean, raues Klima

10 im Süden Mittelmeer, mildes Klima

11 im Südwesten: die Pyrenäen

12 im Osten und Nordosten reizvolle Mittelgebirgsland-schaften

Dein Thema ist „Frankreich – Geographie und Tourismus"!
→ Überprüfe die Karteikarten: Welche sind für dein Referat wirklich wichtig?
→ Ordne die Karten! Fasse sie dabei unter Oberbegriffe zusammen!

Informationen ordnen

Gliederung
→ Informationen sinnvoll ordnen
→ Oberbegriffe finden
→ Neu erarbeitete Informationen einordnen
→ Beim Vortrag: Gliederung voranstellen, das erleichtert das Zuhören

Die Informationen zur (Vor-)Geschichte sind im Rahmen des Referats sicher entbehrlich. Es bietet sich an, die verbleibenden Informationen nach geographischen Gesichtspunkten zu ordnen, zum Beispiel:

Hochgebirgsregionen	Küstenregionen	das Landesinnere
1 im Südosten: die Westalpen	8 unterschiedliche Küstenregionen: Möglichkeiten zum Strandurlaub	2 Paris und das Pariser Becken als politischer und kultureller Mittelpunkt
3 Hochgebirge: sowohl Wander- als auch Möglichkeiten zum Skiurlaub	9 im Westen und Nord-Westen Atlantischer Ozean, raues Klima	7 im Landesinneren gute Möglichkeiten für Kanu- und Bootstouren
11 im Südwesten: die Pyrenäen	10 im Süden Mittelmeer, mildes Klima	12 im Osten und Nordosten reizvolle Mittelgebirgs-landschaften

Eine knappe Gliederungs-ansicht deines Referats könnte in etwa so aussehen:

„Frankreich – Geographie und Tourismus"

1. Alpen und Pyrenäen – Wintersport und Hochgebirgswandern

2. Atlantik- und Mittelmeerküste – Einladung zum Strandurlaub

3. Das Landesinnere – es gibt nicht nur Paris

Mit dieser ersten Ordnung der Informationen hast du schon so etwas wie eine grobe Gliederung deines Referats erstellt. Diese kann dir dabei helfen, die weiteren Informationen, die du zusam-menträgst, richtig zuzuordnen.

Wenn du den Zuhörenden vor Beginn deines Referats diese Gliede-rung – mündlich oder schriftlich (Tafelanschrieb, Overheadfolie) – zur Verfügung stellst, ist es für sie wesentlich einfacher, deinem Gedankengang zu folgen!

Textparaphrase – Wiedergabe eines Textes mit eigenen Worten

Mit einem Referat sollst du deine Mitschülerinnen und Mitschüler zwar informieren, aber natürlich dient es für deinen Lehrer bzw. deine Lehrerin auch dazu, deine eigene Leistung einzuschätzen. Ob du einen Text wirklich verstanden hast, kann man vor allem daran erkennen, ob du in der Lage bist, ihn mit eigenen Worten wiederzugeben. Das bedeutet, dass du einzelne Gedanken und Sätze umformulieren und zusammenfassen musst. Das ist nicht immer ganz einfach, es muss geübt werden. Also los!

Eine Textparaphrase muss die wesentlichen Informationen in einer sinnvollen Reihenfolge wiedergeben. Sie sollte sprachlich möglichst selbstständig – d.h. möglichst weit vom Ausgangstext entfernt – und möglichst treffend sein.

Hier findest du drei Beispiele einer Textparaphrase. Welcher Text ist deiner Meinung nach am besten geeignet, um das Referat zu beginnen?

(2.) In Frankreich gibt es unterschiedliche Küstenregionen; einerseits die Atlantikküste, andererseits die Mittelmeerküste. Sowohl die etwas rauere Atlantikküste als auch das milde Klima am Mittelmeer ziehen jedes Jahr viele Touristen an. Andere beliebte touristische Ziele sind die Gebirge. Zu unterscheiden sind hier drei unterschiedliche Regionen: die Pyrenäen, die Mittelgebirge und die Alpen. Die Touristen schätzen hier besonders die Möglichkeiten, je nach Jahreszeit zu wandern oder Ski zu fahren.

(1.) Wie ich in einem Text gelesen habe, grenzt Frankreich an mehreren Stellen ans Meer. Im Westen ist dies der Atlantische Ozean, der ein eher raues Klima mit sich bringt, im Süden das Mittelmeer, an dem es besonders milde Winter gibt. Jedes Jahr kommen viele Touristen an diese Strände, um dort zu baden und sich zu sonnen. Man kann sich in Frankreich allerdings auch anders vergnügen. Wandern oder Skifahren ist auch ein schönes Hobby. Dazu kann zum Beispiel in die Pyrenäen fahren, die die Grenze zwischen Frankreich und Spanien bilden; oder in die Mittelgebirge reisen, wo es nicht ganz so hoch hinaus geht, wie in die französichen Alpen, in die auch deutsche Skifahrer im Winter gerne fahren.

(3.) In Frankreich gibt es viele Küstenregionen. Viele Touristen fahren jedes Jahr ans Meer. Dabei ist es am Atlantik anders als am Mittelmeer. Außerdem kann man auch im Gebirge Urlaub machen. In den Pyrenäen und in den Alpen kann man gut Skilaufen. Im Sommer fahren viele Menschen zum Wandern in die Mittelgebirge.

Hast du den zweiten Text ausgewählt? Prima, denn der zweite Text enthält alle wichtige Informationen zum Thema und ist gut und angemessen formuliert!

Was, du hast dich nicht für den zweiten Text entschieden? Das hättest du aber tun sollen ...

... weil der erste Text zu umständlich und zu lang ist;
... weil der dritte Text zu knapp ist und wesentliche
   Informationen nicht genannt werden!

Du merkst also:

CHECKLISTE ....

Eine gute Textparaphrase ist
- sachlich richtig und vollständig,
- sprachlich selbstständig,
- so knapp wie möglich.

Die Einleitung zum Kurzreferat

Jetzt hast du den ersten Artikel zu deinem Thema sinnvoll ausgewertet. Die herausgearbeiteten Informationen geben einen ersten Überblick über die Thematik. Mit ihnen kannst du dein Referat einleiten, denn sie liefern den roten Faden für deinen Vortrag.

Notier auf der Karteikarte die wichtigsten Stichwörter aus dem Sachtext über Frankreich (S.19). Die Karteikarte soll dann die Vorlage für deinen Vortrag sein.

→ Frankreich vielseitiges Urlaubsland

→ Strandurlaub

→ Aktivurlaub

→ Städtereisen

Versuch jetzt auf der Grundlage dieser Stichwörter ein kleines Übungsreferat zu halten.
Beginn z. B. mit dem Satz: Frankreich ist ein außergewöhnlich vielseitiges Urlaubsland.

Je nachdem, wie detailliert dein Referat sein soll, solltest du auf der Grundlage dieser ersten Gliederung eine Fülle weiterer Materialien auswerten, zum Beispiel
→ zu den klimatischen Bedingungen,
→ zu statistischen Erhebungen (Anzahl der Einwohner, Anzahl der Übernachtungen, wirtschaftliche Bedeutung des Tourismus etc.),
→ zu kulturellen Angeboten (Baudenkmäler, Theater, Musik).

[Tipp]
Stichpunkte
Halte deinen Vortrag so frei wie möglich! Notier dir lediglich Stichpunkte!

Zur Sicherheit kannst du aber auch den ausformulierten Text vorliegen haben, um bei „Hängern" auf ihn zurückzugreifen!

Zu den einzelnen Abschnitten kannst du dann jeweils ein Dia o. Ä. präsentieren. Das spricht die Zuhörenden an!

Ergebnisse präsentieren

[Tipp]

Probelauf

Bevor du in der Schule dein Referat hältst, solltest du immer zu Hause laut den freien Vortrag für dich schon einmal gehalten haben. Wenn du ein anderes Familienmitglied dazu bewegen kannst, dir zuzuhören – umso besser.

Bei deinen ersten Referatversuchen hast du vielleicht noch einen ausformulierten Text als Vorlage benutzt, damit du ein bisschen sicherer beim Vortrag bist. Aber die Gefahr, dass du recht schnell ins sture Ablesen gerätst, ist groß. Daher solltest du dich schon früh darin üben, aus Stichwörtern, die du auf deiner Karteikarte formuliert hast, wieder ganze Sätze zu bilden.

Probier das freie Sprechen doch einfach mal aus und halte mithilfe der Stichwörter auf den Karteikarten einen kleinen Übungsvortrag. Bemühe dich darum,

→ vollständige Sätze zu bilden,
→ die Regeln des Satzbaus zu beachten und
→ dich angemessen und sprachlich abwechslungsreich auszudrücken!

→ F: lange natürliche Grenzen

- Norden: Ärmelkanal,
- Westen: Atlantik
- Südwesten: Kamm der Pyrenäen
- Süden: Mittelmeer
- Südosten: Kamm der Alpen
- Osten: der Jura als Grenzgebirge, dann der Oberrhein als Grenzfluss
→ günstige geographische Lage -> positive Entwicklung des Landes

→ ozeanisches Klima im Norden

- geringere Temperaturschwankungen als in Mitteleuropa
→ Mittelmeerklima im Süden
- Sommer heiß und trocken
- im Winter nur selten Schnee

Unterschiedliche Lernkanäle ansprechen

Fachleute haben herausgefunden, dass es unterschiedliche Lernkanäle und Lerntypen gibt:
→ auditiv (Lernen durch Hören)
→ visuell (Lernen durch Sehen)
→ haptisch (Lernen durch Tasten und Greifen)
→ motorisch (Lernen anhand von Bewegungen)
Teste dich selbst! Zu lernen sind folgende französische Vokabeln:
la pêche (Pfirsich) – **la pelure** (Haut von Obst) – **doux** (weich)

→ Prägst du dir diese Vokabeln am besten ein, wenn du
sie hörst? Sprichst du dir sie deshalb selbst vor?
Dann gehörst du eher zu den **auditiven Lerntypen.**

→ Prägst du dir diese Vokabeln am besten ein, wenn
du dir ein Bild davon gemacht hast (Schriftbild,
Zeichnung, Skizzen)? Schreibst du sie dir selbst auf,
malst du dir selbst ein Bild o. Ä. um dir diese Vokabeln besser einzuprägen?
Dann gehörst du eher zu den **visuellen Lerntypen.**

→ Kannst du dir diese Vokabeln besonders gut merken,
wenn du einen Pfirsich in der Hand hältst und fühlst,
dass seine Haut sehr weich ist?
Dann lernst du eher über den Tastsinn **(haptisch).**

→ Oder prägst du sie dir dann am besten ein, wenn du
dich dabei bewegst (auf und ab gehst, joggst o. Ä.)?
Dann ist für dich der **motorische Lernweg** geeignet.

Die besten Lernleistungen werden erzielt, wenn die
Inhalte in unterschiedlichen Kanälen transportiert
werden *(mehrkanaliges Lernen).*

Ergebnisse visualisieren – Präsentationsfolien gestalten

Präsentationsfolien bzw. Ergebnisblätter gestalten:
→ nicht zu viele Informationen liefern
→ Informationen sinnvoll ordnen
→ Informationen aufgelockert präsentieren, aber
→ nicht zu viele Grafiken präsentieren, die zu sehr ablenken können

Wenn du möchtest, dass deine Mitschülerinnen und Mitschüler möglichst viel von dem verstehen und behalten sollen, was du referierst, dann musst du dich darum bemühen, mehrere Lernkanäle – wenigstens aber den auditiven und den visuellen – anzusprechen.

Wenn du deine Informationen gesichtet, geordnet und zu einem kleinen Vortrag ausgearbeitet hast, solltest du den Zuhörenden mithilfe geeigneter Gedächtnisstützen das Zuhören erleichtern. Hierbei kannst du zwischen verschiedenen Medien wählen:

Die Verständnishilfen für die Zuhörenden können ganz unterschiedlich gestaltet sein:
Bei umfangreichen Themen und Vorträgen empfiehlt es sich, den Zuhörern eine schriftliche Gliederung des Vortrags an die Hand zu geben (→ **Gliederung** S. 48).

Bei heiß diskutierten Themen ist eine Zusammenfassung und Gegenüberstellung unterschiedlicher Meinungen sinnvoll (→ **Thesenpapier** S. 46).

Bei mehr oder weniger einfachen Themen kannst du die wesentlichen Ergebnisse auf einem Ergebnisblatt direkt darstellen.

CHECKLISTE

Achte darauf,
- nicht zu viele Informationen zu präsentieren,
- eine sinnvolle Reihenfolge einzuhalten,
- das Ganze aufgelockert zu präsentieren (etwa mit Hilfe von Grafiken oder Bildern)
- und versuche, dich nicht mit Nebensächlichkeiten aufzuhalten.

Bewerte die folgenden drei Präsentationen!

A

Geographie und
Tourismus in Frankreich
→ natürliche Grenzen: Frankreich hat
lange natürliche Grenzen; im Norden
den Ärmelkanal, im Westen den Atlantik; im Südwesten verläuft die Grenze
auf dem Kamm der Pyrenäen; der
Süden wird vom Mittelmeer begrenzt,
der Südosten vom Kamm der Alpen;
im Osten folgt der Jura als Grenzgebirge, dann der Oberrhein als
Grenzfluss
→ ozeanisches Klima im Norden:
mildes, feuchtes Klima
→ Mittelmeerklima im Süden:
Bade- und Kururlaube
→ Mittelgebirge:
einfache Wanderungen
→ Wechsel von Mittelgebirgen und
Tieflandebenen: gute Durchgängigkeit
ermöglichte Fernwege, an denen sich
berühmte Handelsstädte entwickelten

B

Name:

Datum:

Geographie und Tourismus in Frankreich

1. Einführung ins Thema

2. Geographie Frankreichs
   - lange natürliche Grenzen
   - im Landesinnern gute Durchgängigkeit
     → günstige geographische Lage
     → positive Entwicklung des Landes

3. Urlaubsmöglichkeiten in Frankreich
   - an der Küste
   - im Norden und Nordwesten (raues Klima)
   - am Mittelmeer (mildes Klima)
   - an den Flüssen (Kanu- und Bootstouren)
   - in den Mittelgebirgen (reizvolle Wanderungen)
   - im Hochgebirge (Hochgebirgswanderungen)
   - in den Alpen (Skitourismus)
   - in den Pyrenäen

C

Ist Frankreich eine Reise wert?

- natürliche Grenzen: a) An den Küsten kann man Strandurlaub machen, b) im Gebirge wandern und klettern: Freies Campen ist dabei nach Rücksprache mit dem Bürgermeister möglich.
- ozeanisches Klima im Norden: Die Winter sind nicht so kalt, dass man ständig eine Kopfbedeckung tragen muss.
- Mittelmeerklima im Süden. In den Küstenstädten des Südens findet man ein reichhaltiges Unterhaltungsangebot.
- Mittelgebirge
- Wechsel von Mittelgebirgen und Tieflandebene: viele Flüsse und Kanäle, die zum Kanufahren geeignet sind, die von vielen Reiseveranstaltern angeboten werden

Welches Ergebnispapier ist das beste? Begründe deine Meinung!

_____

_____

_____

_____

_____

_____

Klar, B ist das beste Papier! Es präsentiert die wesentlichen Informationen in aufgelockerter Form und liefert einen gut strukturierten Überblick über das Thema.

Das Wichtigste auf einen Blick

Mehr dazu findest du auch im Kapitel „Einen Vortrag halten" (Seite 47)

Damit du auch vor größeren Aufgaben in Zukunft nicht zurückschrecken musst, hier nochmal die grundlegenden Schritte für die Vorbereitung eines Referates.

CHECKLISTE ··

■ **Informationen sammeln**
→ Bibliotheken nutzen: Autoren- und Schlagwortkatalog / Computerrecherche
→ zuerst Lektüre von Standardwerken (z. B. die Bände aus der Schülerduden-Reihe); dabei auf die neuesten Ausgaben achten
→ Durchsicht der Literaturlisten (Bibliographien), um weiterführende Literatur zu finden
→ sich nicht auf das zuerst gefundene Buch beschränken
→ Fachzeitschriften durchsehen
→ erste, vorläufige Bewertung von Materialien
  – aktuell?
  – zu meinem Thema passend?
  – vermutlich sachlich und objektiv?

■ **Informationen verarbeiten**
→ Abkürzungen auflösen, unbekannte Worte und Begriffe nachschlagen (allgemeinsprachliches Wörterbuch, Fremdwörterbuch)
→ wesentliche Informationen herausarbeiten und strukturieren (gliedern)
→ Gliederung für das gesamte Referat erstellen
→ weitere Informationen zu den gewählten Aspekten sichten und einarbeiten

■ **Referat vorbereiten**
→ Texte mit eigenen Worten wiedergeben – paraphrasieren
→ eigene Textparaphrasen stichwortartig auf Karteikarten schreiben (einzelne besonders wichtige Passagen ggf. auch im ganzen Satz)
→ eine Gliederungsansicht bzw. ein Thesen- oder Ergebnispapier für die Zuhörenden vorbereiten

Einen Vortrag erarbeiten

Unterscheidung: Vortrag – Referat

So langsam entwickelst du dich zu einer Expertin/einem Experten für Referate. Im nächsten Schritt sollst du einen Vortrag vorbereiten. Ein Vortrag unterscheidet sich von einem Referat dadurch, dass er sehr viel höhere Anforderungen stellt: Während du bei einem Referat relativ einfache Informationen auswertest, zusammenfasst und interessant präsentierst, geht es bei einem Vortrag darum, einer komplexen Fragestellung nachzugehen.

Es wird von dir verlangt, dass du

→ das Thema bzw. das Problem sachlich richtig und sprachlich angemessen darstellst und dabei

→ sinnvolle Schwerpunkte setzt sowie

→ unterschiedliche Meinungen zu dieser Fragestellung vorträgst

→ und anschließend selbst begründet Position beziehst.

Entscheide selbst: Referatthema oder Möglichkeit zur Ausarbeitung eines umfassenden Vortrags?

> Vorträge ausarbeiten heißt selbstständig arbeiten!

6. Ist die Nutzung des Atomstroms heute noch vertretbar?

. Die Aufgaben Frankreichs während der Präsidentschaft innerhalb der Europäischen Union.

3. Die Ganztagsschule in Frankreich

4. Die Rolle Frankreichs innerhalb der Europäischen Union.

Vortrag	Referat

1. Das Schulsystem Frankreichs und Deutschlands im Vergleich

2. Die Nutzung der Kernenergie in Frankreich.

Die Themen 1, 4 und 6 eignen sich für einen Vortrag; 2, 3, 5 sind Stoff für ein Referat.

Einen Vortrag vorbereiten:
→ Thema eingrenzen
→ Vorkenntnisse und besondere Interessen der Zuhörenden berücksichtigen
→ Informationen gliedern
→ Informationen visualisieren
→ Gelegenheiten zum Nachfragen einplanen

Mehr zum Thema „Informationen visualisieren" findest du auf den Seiten 60–65.

Angesichts der bevorstehenden Abschlussfahrt nach Frankreich hast du als Mitglied des Geschichtskurses die Aufgabe übernommen, in einem Vortrag die politischen Systeme in Frankreich und Deutschland zu vergleichen. Thema deines Vortrags ist „Frankreich und Deutschland – Ein Vergleich der politischen Systeme".
Achte darauf ...

CHECKLISTE

☐ ... den Kenntnisstand deiner Mitschülerinnen und Mitschüler zu ermitteln und mit zu berücksichtigen, damit du sie nicht mit Banalitäten langweilst oder mit Fachchinesisch überforderst,

☐ ... die Informationen besonders gut zu strukturieren und den Zuhörenden eine Gliederungsansicht (Folie, Tafelanschrieb) zu präsentieren,

☐ ... die wesentlichen Informationen angemessen darzustellen,

☐ ... unterschiedliche Meinungen zum Thema verständlich und auf die Kernaussage beschränkt wiederzugeben,

☐ ... den Vortrag möglichst frei zu halten und nicht auf einen ausformulierten Text zurückzugreifen,

☐ ... deine eigene Meinung begründet darzustellen.

Darüber hinaus bietet es sich bei einem längeren Vortrag an, den Zuhörenden auch zwischendurch Gelegenheit zum Nachfragen zu geben und ggf. schon einzelne Fragen gemeinsam zu diskutieren.

Einen Lexikonartikel auswerten – Informationen strukturieren – Thema eingrenzen

Am besten startest du wieder mit der Bearbeitung eines Lexikon-Artikels.

Frankreich, Staat und Recht. Verfassung der 5. Republik vom 4. 10. 1958. Staatsoberhaupt ist der auf 7 (künftig 5) Jahre direkt gewählte Präsident der Republik. Er ist Vorsitzender des Ministerrats, kann die Nationalversammlung auflösen, ist Oberbefehlshaber der Streitkräfte und verfügt über ein Notstandsverordnungsrecht. An der Spitze der Regierung steht der vom Präsidenten ernannte Premierminister. Die Regierung bedarf des Vertrauens der Nationalversammlung. Das Parlament besteht aus Nationalversammlung und Senat. Die Verwaltung ist zentralistisch geprägt; Einteilung in 22 Verwaltungsregionen und 96 Départements.

[aus: Brockhaus in einem Band, 9. Auflage]

Bei einem so kurzen Lexikoneintrag zu einem so umfassenden Thema kannst du davon ausgehen, dass jeder Satz eine wichtige Information enthält. Diese musst du jetzt nur noch herausarbeiten und schon hast du Anregungen für eine erste Gliederung deines Vortrags!

Mithilfe der folgenden Fragen kannst du deine weitere Arbeit am Thema und deinen späteren Vortrag strukturieren:

Informationen strukturieren
→ Grundlageninformationen sichten
→ Fragen für die weitere Arbeit am Thema entwickeln bzw. Schwerpunkte setzen
→ Rücksprache mit der Lehrerin oder dem Lehrer
   • Planungen generell o.k.?
   • Aspekte vergessen?
   • Wahl eines besonderen Schwerpunktes?

1. **Zur Staatsform:**
   Frankreich ist eine Republik – aber wieso „die 5. Republik"?
2. **Zum Staatsoberhaupt und seinen Kompetenzen:**
   Rolle des Staatspräsidenten – Bewertung seiner Kompetenzen
3. **Zur Regierung und zum Premierminister:**
   Verhältnis zwischen Staatspräsident – Regierung (Premierminister) und Parlament
4. **Zum Parlament:**
   Wahl der beiden Kammern – Verhältnis zueinander
5. **Zur Verwaltungsstruktur Frankreichs:**
   Zentralistische Prägung – was bedeutet das?

Überlege selbst, welchen Schwerpunkt du setzen möchtest. Deine Lehrerin/dein Lehrer übernimmt nur eine beratende Rolle!

Vergleichsaspekte herausarbeiten

Du solltst die politischen Systeme in Frankreich und Deutschland vergleichen. Aus dem Lexikonartikel hast du fünf Aspekte herausgearbeitet, die das politische System Frankreichs bestimmen. Die Ergebnisse kannst du in einer Tabelle präsentieren:

	Frankreich	Deutschland
Staatsform		Bundesrepublik (föderaler Bundesstaat)
Staatsoberhaupt		Bundespräsident im Wesentlichen mit repräsentativen Aufgaben; bewusste Distanz zur Tages und Parteipolitik
Regierung und Regierungschef		Bundeskanzler vom Parlament gewählt und danach vom Bundespräsidenten ernannt
Parlament		2 Kammern – Bundestag – Bundesrat
Verwaltungsstruktur		16 Bundesländer (föderale Struktur)

Egal, in welchem Fach du ein Referat oder einen Vortrag halten musst, häufig wird von dir verlangt, dass du deine Informationen in den geschichtlichen Zusammenhang einordnest. So sind zum Beispiel Kunst und Literatur oft nicht zu verstehen, wenn man den zeitgeschichtlichen Hintergrund nicht kennt. Auch ein Physikreferat, beispielsweise zum Thema Galileo Galilei, muss das historische Umfeld dieses genialen Gelehrten mit in den Blick nehmen. Deshalb findest du auf der folgenden Seite noch ein paar grundlegende Hinweise zum Thema „Referieren historischer Daten".

Referieren historischer Daten

Beim Referieren historischer Daten ist es besonders wichtig, Vergleichsaspekte heranzuziehen, weil man nur so geschichtliche Zusammenhänge verdeutlichen kann. So wird die Tatsache, dass in Frankreich schon im Jahre 1792 zum ersten Mal eine Republik entstand, durch die Information, dass es in Deutschland noch fast 130 Jahre dauerte, bis zum ersten Mal eine Republik ausgerufen wurde, wesentlich anschaulicher.

Auch der Vergleich zwischen früheren Zeiten und unserer heutigen Zeit ist wichtig, damit die Zuhörenden sich ein Bild machen können.

Stelle mithilfe von Pfeilen Beziehungen zwischen den Daten der Französischen Revolution und den in den Textfeldern präsentierten Informationen her.

Anschauliche Vergleiche wählen
→ Wie hat es zur gleichen Zeit in anderen Ländern ausgesehen? **(synchroner Vergleich)**
→ Wie stellt sich der gleiche Zusammenhang in unterschiedlichen historischen Situationen – *früher – später – heute* – dar? **(diachroner Vergleich)**

In Deutschland wird erst 1849 eine Verfassung verabschiedet, die die Einhaltung der Menschen- und Bürgerrechte fordert.

In ganz Europa haben Frauen zu dieser Zeit keine politischen Rechte und unterstehen dem Willen des Mannes.

Erst 1871 durch Gründung des Deutschen Reiches nationale Einigung.

In Deutschland haben Bürger des dritten Standes – und damit der Großteil der Bevölkerung – 1789 keinen politischen Einfluss. Revolutionsvereine, die vereinzelt gegründet werden, werden politisch verfolgt.

In den deutschen Fürstentümern ist eine christliche Konfession seit 1555/1648 jeweils Staatsreligion.

1789
05.05. Revolution in Frankreich Der dritte Stand nennt sich Nationalversammlung.
14.07. Die Bastille, Symbol absolutistischer Tyrannei, wird gestürmt und zerstört.
26.08. Erklärung der Menschen- und Bürgerrechte
03.09. Frankreich wird eine konstitutionelle Monarchie
1791 Olympe de Gouges verfasst die Erklärung der „Rechte der Frau und Bürgerin", da die proklamierten Menschenrechte „Männerrechte" seien.
1794 Im September wird die Trennung von Staat und Kirche beschlossen.

Referieren biografischer Daten

Historische Entwicklungen sind oft mit bestimmten Personen verbunden, deshalb kann das Referieren der Lebensgeschichte **(Biografie)** einer berühmten Person hilfreich sein, wenn du über geschichtliche Zusammenhänge informieren willst.

Beim Referieren biografischer Daten – unabhängig davon, ob du eine berühmte Wissenschaftlerin, einen bestimmten Autor, eine einflussreiche Politikerin oder einen erfolgreichen Sportler vorstellen willst – solltest du die Daten der Lebensgeschichte chronologisch ordnen. Neben den besonderen Leistungen der Person solltest du auch das geschichtliche Umfeld, in dem sie gelebt hat, kurz beleuchten. Zur Unterhaltung und besseren Anschaulichkeit trägt es bei, wenn du eine kleine lustige Begebenheit (Anekdote) aus dem Leben der historischen Figur erzählen kannst. Außerdem solltest du dich bemühen, deine Informationen zu visualisieren, mindestens eine Fotografie der vorgestellten Person solltest du präsentieren.

Biografie
→ chronologische Reihenfolge
→ Darstellung des Lebensumfelds der Person
→ besondere Leistungen der Person
→ Vergleich mit anderen historischen Figuren
→ Anekdotisches
→ Visualisieren der Informationen
→ Literaturangaben

Übung

Werte den nebenstehenden Lexikonartikel aus. Er informiert über Charles de Gaulle, einen der bedeutendsten Politiker Frankreichs. Ergänze dann die biografische Übersicht! Eine solche Übersicht könntest du deinen Mitschülerinnen und Mitschülern als Overhead-folie oder als Ergebnispapier präsentieren.

Gaulle [goːl], Charles de, französischer General und Politiker, * Lille 22. 11. 1890, † Colombey-les-deux-Églises 9. 11. 1970; nahm am Ersten Weltkrieg teil. 1921 wurde er Dozent für Militärgeschichte in Saint-Cyr. Im Juni 1940 war er Unterstaatssekretär für nationale Verteidigung im Kabinett Reynaud (Exilregierung). In einer Radioansprache forderte er am 18. 6. 1940 von London aus die Franzosen auf, an der Seite Großbritanniens von den Kolonien aus den Krieg gegen die Achsenmächte fortzusetzen. Er erklärte sich selbst zum Träger der Souveränität der Französischen Republik. Im August 1944 zog de Gaulle an der Spitze einer prov. Reg. in Paris ein. Im November 1945 wählte ihn die verfassunggebende Nationalversammlung (1. Konstituante) zum Ministerpräsidenten und vorläufigen Staatspräsidenten. Als Regierungschef verband de Gaulle mit dem politischen Wiederaufbau Frankreichs eine Säuberung des öffentlichen Lebens von Repräsentanten und Anhängern des Vichyregi-mes. Im Januar 1946 trat er jedoch als Ministerpräsident und vorläufiger Staatspräsident zurück, da die Konstituante seiner Forderung nach Schaffung einer starken Staatsautorität (Einführung des Präsidialsystems) nicht entsprochen hatte. Nach dem Zusammenbruch der Vierten Republik in der Staatskrise vom Mai 1958 wählte ihn die Nationalversammlung Anfang Juni 1958 zum Ministerpräsidenten und stattete ihn mit umfassenden Vollmachten aus. In der Verfassung der Fünften Republik vom 4. 10. 1958 stärkte de Gaulle die Regierungsgewalt gegenüber dem Parlament und gab dem Staatspräsidenten als „Guide de la nation" eine entscheidende, richtungweisende Kompetenz. Im Dezember 1958 wurde er zum Staatspräsidenten gewählt. De Gaulle entließ die französischen Kolonien 1960 in die Unabhängigkeit. Nachdem er mit einer Regionalreform (und einer damit verbundenen Umwandlung des Senats) gescheitert war, trat er am 28. 4. 1969 zurück.

Werke: Le fil de l'épée (1932; deutsch „Die Schneide des Schwertes"); Mémoires de guerre, 3 Bände (1954–59; deutsch „Memoiren des Krieges"); Mémoires d'espoir, 2 Bände (1970–71; deutsch „Memoiren der Hoffnung")
Sekundärliteratur: D. Cook: C. de Gaulle. Soldat und Staatsmann (aus dem Amerikanischen, 1985) R. Kapferer: C. de Gaulle (1985); De Gaulle, Deutschland und Europa, herausgegeben von W. Loth und R. Picht (1991)

[gekürzt aus: Brockhaus – Die Enzyklopädie, 20. Auflage]

Biografische Daten präsentieren

Charles de Gaulle

Lebensdaten:

_____

_____

politische Ämter – politisches Wirken:

_____

_____

_____

_____

_____

abschließende Bewertung seines Lebens und politischen Werks:

_____

_____

Werke:

_____

_____

Sekundärliteratur (verwendete Literatur):

_____

_____

Argumentation

Ausgangspunkt: **These**

→ Behauptung, Meinung, Bewertung des Autors/der Autorin

Hauptteil: **Argumente**

→ Aussagen von Experten

→ eigene Erfahrungen

→ allgemein akzeptierte Grundsätze und konkrete Beispiele, die die Ausgangsthese stützen

Schluss: **Bekräftigung der These**

Unterschiedliche Standpunkte herausarbeiten

Häufig beinhaltet die Aufgabenstellung für einen Vortrag auch das Herausarbeiten und Kontrastieren unterschiedlicher Meinungen. Dazu musst du die verschiedenen Materialien gründlich bearbeiten, Anknüpfungspunkte herausfinden und die unterschiedlichen Argumentationen gegenüberstellen. Beim Vortrag selbst kommt es darauf an, die gewonnenen Erkenntnisse anschaulich zu präsentieren.

Übung

→ Wie bewertet der Autor die Machtfülle des französischen Staatspräsidenten?

→ Wie argumentiert er? Unterscheide zwischen These, Argumenten und Beispielen!

Ein mächtiger Staatspräsident als Garant eines starken Frankreich

Seit Beginn der fünften Republik ist das Amt des Staatspräsidenten in Frankreich mit weit reichender Macht ausgestattet. Die unklaren Mehrheitsverhältnisse und häufigen Regierungswechsel in der 4. Republik führten dazu, dass das Staatsoberhaupt der 5. Republik mit großer Machtfülle ausgestattet wurde. Nicht zuletzt durch de Gaulle, der dieses Amt ganz auf seine Person zugeschnitten hatte, wurde die französische Nation zu einer der großen in Europa. Durch seine Einflussnahme wurde auch die Modernisierung in Frankreich vorangetrieben. Der vom Volk direkt gewählte Staatspräsident weiß für seine Politik die Mehrheit des Volkes hinter sich und kann sie so entschieden durchsetzen. Da er auf Vorschlag des Premierminis-

ters auch die Minister ernennt, ist er in ein Team kompetenter Männer und Frauen eingebunden, das ihm in Sachfragen zur Seite steht. So ist er zum Beispiel durch die Leitung des Ministerrates eng mit dem alltäglichen politischen Geschäft verbunden, sodass er gezielt Einfluss nehmen kann. Durch die gemeinsame Arbeit von Premierminister und Staatspräsident steht somit eine Führung an der Spitze des Staates, die doppelt durchsetzungsfähig ist, wie die gute Zusammenarbeit zwischen Jacques Chirac und Alain Juppé von 1995 bis 1997 eindrücklich bewiesen hat. Inhaltliche und repräsentative Aufgaben können auf zwei Schultern verteilt werden.

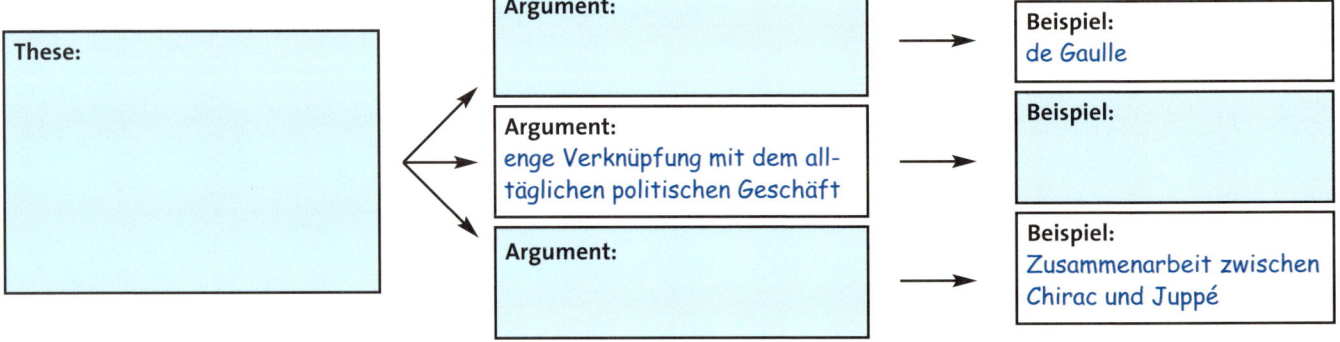

These:

Argument:

Argument: enge Verknüpfung mit dem alltäglichen politischen Geschäft

Argument:

Beispiel: de Gaulle

Beispiel:

Beispiel: Zusammenarbeit zwischen Chirac und Juppé

Standpunkte kontrastieren

Arbeite anhand des folgenden Textes die Gegenargumente zu der
auf der vorangegangenen Seite vertretenen Position heraus.

Der französische Staatspräsident – ein Mann mit ungeheurer Macht

Das Amt des Staatspräsidenten, das in Frankreich mit einer ungeheuren Machtfülle ausgestattet ist, schadet Frankreich mehr, als es ihm nützt. Durch die intensive Einbindung des Staatspräsidenten in die Politik hat Frankreich keine überparteiliche Person an seiner Spitze stehen, die um einen politischen Ausgleich bemüht ist und sich auf grundlegende politische Fragen konzentrieren kann, die über die Tagespolitik hinaus reichen. Eine repräsentative und einigende Person, wie sie die Engländer in ihrer Queen haben und die Deutschen in ihrem Bundespräsidenten, fehlt den Franzosen. Vielmehr ist dieses Amt seit de Gaulle, dem napoleonische Machtbestrebungen nachgesagt wurden, auch ein Ort des Machtmissbrauches gewesen, wie die jüngsten Entdeckungen über die Verstrickungen Mitterands und Chiracs zeigen. Der dadurch angerichtete Schaden ist noch nicht endgültig abzuschätzen. Darüber hinaus hat nicht zuletzt die gemeinsame Regierungszeit von Jacques Chirac und Lionel Jospin gezeigt, dass keine großen Reformen durchgeführt werden und Unregierbarkeit vorprogrammiert ist, wenn Staatspräsident und Premierminister aus unterschiedlichen politischen Lagern kommen.

Gefahr der Blockade, wenn Staatspräsident und Premierminister nicht aus dem gleichen politischen Lager kommen

Enge Verknüpfung mit dem alltäglichen politischen Geschäft

Große Einflussmöglichkeiten des Präsidenten bedeuten Möglichkeit zu positiven Veränderungen.

Gemeinsames Handeln von Staatspräsident und Premierminister eröffnet einen großen politischen Gestaltungsspielraum, notwendige Reformen können durchgesetzt werden.

Fehlen einer ausgleichenden Instanz, die über der alltäglichen Tages- und Parteipolitik steht

Große Einflussmöglichkeiten bedeuten Gefahr des Machtmissbrauchs.

Thesenpapier
→ Thema und unterschiedliche Thesen deutlich und in klarer Sprache präsentieren
→ im Zweifel gegensätzliche Argumentationen zugespitzt – **pointiert** – gegeneinander stellen
→ entgegengesetzte Argumente durch grafische Elemente deutlich hervorheben

Ein Thesenpapier gestalten

Die Gegensätzlichkeit der Argumentation solltest du deutlich hervorheben – ggf. kannst du die einzelnen Positionen noch etwas zuspitzen, damit die Unterschiede in den Argumentationen verdeutlicht werden. Darüber hinaus kannst du die Gegensätzlichkeit der Argumentationen durch unterschiedliche graphische Elemente noch deutlicher hervorheben:

Arbeite mit Symbolen

Tatsache: große Einflussmöglichkeit des französischen Staatspräsidenten
Argumentative Bewertung:

Chance zu positiven Veränderungen	↔	Gefahr des Machtmissbrauchs

Arbeite mit Tabellen

Tatsache: enge Zusammenarbeit zwischen Staatspräsident und Ministerpräsident
Argumentative Bewertung:

+	**–**
positive Auswirkungen, wenn beide an einem Strang ziehen	negative Auswirkungen, wenn beide aus unterschiedlichen Lagern kommen

Die Machtfülle des frz. Präsidenten ist

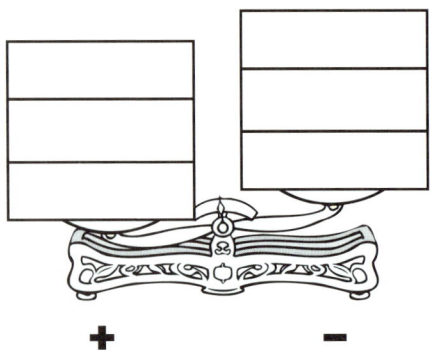

+ –

Arbeite mit Grafiken

Wenn du die unterschiedlichen Standpunkte in Form einer Waage präsentierst, wird klar, dass Meinungen sehr häufig auf unterschiedlichen persönlichen Gewichtungen basieren. Trage die auf der vorigen Seite genannten Argumente in die leeren Felder ein!

Einen Vortrag halten

Im Gegensatz zu einer Rede, die lebendig wirken soll, muss bei einem Fachvortrag sowohl auf sachliche als auch auf methodische Richtigkeit geachtet werden. Auf Redeschmuck wird weitgehend verzichtet, stattdessen ist auf eine klare Strukturierung und einen exakten Gebrauch der Fachterminologie zu achten. Zusätzlich wird vom Vortragenden erwartet, dass er frei spricht und sich lediglich an einem Stichwortzettel orientiert. Es bedarf also einer sehr sorgfältigen Gliederung und Einübung des Vortrags. In deiner bisherigen Schullaufbahn hast du gewiss schon einmal einem längeren Referat oder Vortrag folgen „müssen", das dich kaum angesprochen und über weite Strecken gelangweilt hat. Vieles von dem, was gesagt wurde, kam bei dir nicht an, vieles hast du gleich wieder vergessen. Warum ist das so?

Einen Vortrag halten
→   sachlich richtig
→   methodisch angemessen
   • klare, eindeutige Aussagen
   • klare Strukturierung des Gedankengangs
   • angemessener und sachlich richtiger Gebrauch der Fachterminologie
→   möglichst freier Vortrag

Lange halte ich das nicht mehr aus...

Nimm dir einen Zettel und notiere, welche negativen Erfahrungen du mit Vorträgen gemacht hast. Bedenke z. B. auch, wie der Vortragende gesprochen hat, wie der Vortrag präsentiert wurde (Overheadfolie, Thesenpapier), wie der Vortrag ausgewertet wurde usw.

SCHNARCH . . . . . z z z . . . z z z z . . .

Gliederung des Vortrags

Du weißt also, wie ein Vortrag nicht ausfallen soll. Damit dein Vortrag besser wird, halte dich einfach an die folgenden Tipps und Hinweise. Der Vortrag ist in drei Teile zu untergliedern:

Gliederung eines Vortrags

Einleitung: Nennung des Themas, knappe Übersicht

Hauptteil: Entwicklung eines Gedankens/des Themas

Schluss: Zusammenfassung der Hauptthesen

Einleitung	In der Einleitung werden deine Zuhörer über das Thema des Vortrags informiert, und es wird ihnen eine knappe Übersicht zum Aufbau des Vortrags gegeben.
Hauptteil	Im Hauptteil wird in freier Rede der Gedanke bzw. das Thema entwickelt. Setze Schwerpunkte. Der Hauptteil sollte zudem nach Einzelaspekten gegliedert in Unterkapitel eingeteilt werden. Als Gliederungsaspekte können sich Epochen, einzelne Werke eines Autors bzw. Künstlers oder Regionen anbieten.
Schluss	Am Ende des Vortrags steht dann die Zusammenfassung der Hauptthesen, was meist zur Diskussion mit den Zuhörern führt.

Hast du schon die Kapitel „Kurzreferat" (Seite 8) und „Gedankenführung" (Seite 92) gelesen?

Um dir die Aufmerksamkeit und das Interesse während des Vortrages zu sichern, solltest du einen Einstieg wählen, der deine Zuhörer aktiv werden lässt:

Bild-Assoziationen: Du kannst z. B. aus Büchern Bilder auf eine Overheadfolie fotokopieren, diese auflegen und deine Zuhörer nach Assoziationen fragen.

Wort-Assoziationen: Du kannst auch Zitate, Sprichwörter, Buchtitel, Zeugenaussagen usw. als Einstieg benutzen.

Mindmap: In einer „geistigen Landkarte" werden Vorwissen, erste Ideen oder spontane Assoziationen gesammelt. Dazu wird ein zentraler Begriff in die Mitte gesetzt, um den herum sternförmig die Ideen gesammelt werden.

Antike · Romantik · Moderne · Kunstgeschichte · Südfrankreich

Einübung des Vortrags

Nervosität und Lampenfieber haben schon so manchen noch so
gut vorbereiteten, aber dann möglichst frei gehaltenen Vortrag in
einem Fiasko enden lassen. Du musst in der Arbeitsplanung Zeit
mit einkalkulieren, in der du deinen Vortrag mehrfach üben kannst.
Das ist schon deshalb sinnvoll, um eine gewisse Vorstellung davon
zu bekommen, wie lange der Vortrag dauern wird. In diesem
Abschnitt werden dir Strategien zur Vortragsvorbereitung angeboten, die dich befähigen, die Ergebnisse in einem Fachvortrag für
deine Zuhörer interessant und angemessen vorzutragen.

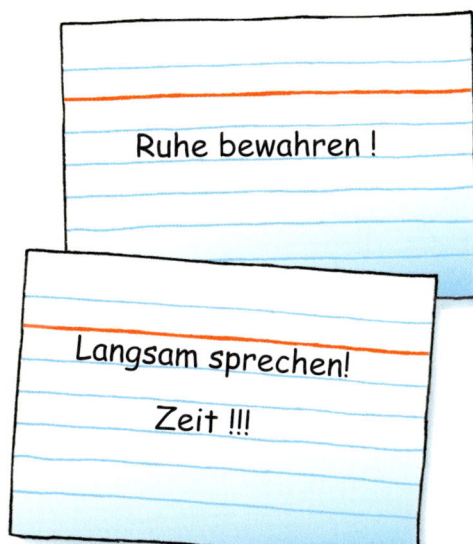

1. Tonbandaufnahme

Auf alle Fälle solltest du deinen Vortrag mehrfach vor dem
Spiegel halten. Noch besser ist es, diesen vor Freunden oder Eltern
zu halten, denn zumeist können diese wertvolle Rückmeldungen
zum Inhalt und zu deinem Auftreten geben. Besonders bewährt
hat sich auch das Verfahren, den Vortrag aufzuzeichnen. Beim
Abhören der Kassette bist du wie deine Mitschüler in der Situation
des Zuhörens: Du notierst dir Stellen, die dir unklar oder unpräzise
erscheinen, und überarbeitest diese im Anschluss. Auch solltest du
dir Zusatzfragen notieren, um so besser „im Ernstfall" auf weitere
Fragen in der anschließenden Diskussion eingestellt zu sein.

Ruhe bewahren!

2. „Regieanweisungen"

Beim Üben des Vortrags vor dem Spiegel kann es auch helfen, Karteikarten um den Spiegel herum oder auf die gegenüberliegende
Wand zu heften, auf denen „Regieanweisungen" zum Vortrag
stehen. Oben sollten die Anweisungen, die dir besonders schwer
fallen oder die dir besonders wichtig sind, angeordnet werden,
unten, was dir eher selbstverständlich erscheint.

Langsam sprechen!

Zeit !!!

Gliederung

vorstellen!

Fülle selbst solche Karten aus! Welche „Regieanweisungen" findest du wichtig?

Laut und deutlich sprechen!

Freies Sprechen

Dein Ziel sollte es sein, möglichst frei zu sprechen. Meistens scheitert das Erreichen dieses Ziels schon an der Nichtbeachtung oder dem Nichtbedenken ganz simpler Aspekte wie z. B. der Gestaltung der Konzeptpapiere bzw. Karteikarten.

Um mehr Übersichtlichkeit zu bekommen, solltest du die durchnummerierten Karteikarten hinreichend groß und gut leserlich beschreiben. In der Praxis kann es sich bewähren, eine Spalte für spätere Hinzufügungen freizuhalten. Auch ist es sinnvoll, verschiedene Stifte und/oder unterschiedliche Farben zu verwenden. Bedenke dabei: Welche Stichwörter sind wirklich wichtig? Was kann ich getrost weglassen? Als Faustregel gilt: Formuliere die Stichwörter so **kurz** wie möglich, um Zeit zu sparen und möglichst frei zu formulieren. – Formuliere die Stichwörter so **ausführlich** wie nötig, um wissenschaftlich exakt zu sein. Zwischen diesen beiden Polen wirst du immer abwägen müssen.

Karteikarten
→ groß und leserlich beschreiben
→ nummerieren
→ unterschiedliche Farben/Stifte verwenden
→ Stichwörter angemessen knapp halten

Verständlich sprechen

Ein Schülervortrag beginnt so:

„Das Differenzieren der Staatssysteme Frankreichs und Deutschlands, im Speziellen der signifikant unterschiedlichen Schulsysteme, ist quasi die Intention meines Vortrags, der voraussichtlich ca. eine Viertelstunde dauern wird, obwohl de facto bei Analysen dieser Art zumeist mehr Redezeit benötigt wird."

Alles klar? Wenn nicht: Warum ist dieser Einleitungssatz eigentlich so schwer verständlich?

Formuliere den Einleitungssatz so um, dass er für die Zuhörer verständlich wird! Du kannst auch mehrere Sätze formulieren!

[Tipp]

Sprache
Grundsätzlich gilt: Es besteht ein großer Unterschied zwischen geschriebener und gesprochener Sprache!

Verallgemeinere: Was sollte ein Referent vermeiden oder tun, damit sein Vortrag verständlicher wird? Notiere Regeln mithilfe der folgenden Stichwörter:

- Wortwahl
- Stil
- Satzbau
- Satzlänge

- „Der rote Faden"
- Gliederung
- Informationsmenge

1. _____
2. _____
3. _____
4. _____
5. _____
6. _____
7. _____

So gelingt der Vortrag

Einfache Sprache
- einfache, kurze Sätze bilden (eher Satzreihen als komplizierte Satzgefüge)
- überflüssige Fremdwörter vermeiden
- notwendige Fachbegriffe erklären
- konkret und nicht abstrakt darstellen

Übersichtliche Darstellung
- „roten Faden" des Vortrags beachten
- Gliederung den Zuhörern verdeutlichen
- Vortrag folgerichtig aufbauen

Konzentration auf das Wesentliche
- jeden Gedanken daraufhin überprüfen, ob er für den Vortrag notwendig ist
- nicht mehr Informationen geben, als die Zuhörer verarbeiten können
- nicht länger reden, als das Publikum zuhören kann
- Schwerpunkte setzen

Persönliches Engagement
- Blickkontakt zum Publikum herstellen
- Betonung und Stimmlage variieren (aber immer noch natürlich wirken)
- Gestik und Mimik einsetzen

Nur keine Angst!

Aus welchen Gründen bist du unsicher und aufgeregt beim Reden?

Welche Erfahrungen hast du mit dem freien Sprechen gemacht?

Wie äußert sich bei dir Angst vor öffentlichem Sprechen?

Wie willst du dein Lampenfieber in Zukunft beherrschen?

Die Vorgabe, den Vortrag möglichst frei zu halten, stellt für den Vortragenden oftmals ein großes Problem dar. Dabei weiß eigentlich jeder aus eigener Erfahrung, dass ein Vortrag nur dann voll zur Geltung kommt, wenn es dem Sprecher gelingt, dem Zuhörer die Inhalte lebendig und natürlich zu vermitteln.

Um dem großen Ziel, einen Vortrag annähernd frei und gelassen zu halten, ein wenig näher zu kommen, gibt es kleine Tricks.

1. **Vortrag nach Stichworten:**
   Arbeite mit Stichworten! Unterstreiche Schlüsselbegriffe. Schreibe Kapitelüberschriften in übergroßer Schrift. Verwende unterschiedliche Farben für Ober- und Unterkapitel.

2. **Vortrag nach Anfangsbuchstaben:**
   Ein andere interessante Möglichkeit, Vortragsteile zu behalten, stellt die Orientierung an Anfangsbuchstaben dar. Bilde dazu aus den Anfangsbuchstaben deiner Schlüsselbegriffe oder Signalwörter ein Kurzwort. Die Kurzwörter können dann zu ganzen Sätzen zusammengesetzt werden. Die Kurzwörter können aber auch ohne Bedeutung sein und nur dir als Gedächtnisstütze dienen. Z. B.: Frankreich – Unterricht – Notengebung wird zum Kurzwort FUN.

3. **Vortrag nach der „Loci-Methode":**
   Manchen Schülern fällt es leichter, sich etwas bildlich vorzustellen. „Übersetze" Schlüsselwörter in Bilder oder Symbole. Stelle dir dazu einen dir sehr vertrauten Weg oder Raum vor. Ordne markanten Stellen des Weges oder Raumes wichtige Informationen deiner Ausführungen zu. Gehe während des Vortrags „in Gedanken" den Weg ab. Zur Übung kannst du sogar den Weg wirklich gehen: Befestige dazu an deinen Stationen Zettel mit den Leitbegriffen.

[Tipp]

Jeder lernt anders!
Finde zunächst heraus, wie du am besten lernst (Lernkanäle Seite 31).

Kombiniere dann die möglichen Methoden sinnvoll miteinander.

Wichtige Informationen aufnehmen:
Zuhören – Mitschreiben – Diskutieren

Du hast dich lange mit dem Thema deines Vortrags beschäftigt und möchtest natürlich, dass deine Mitschüler deinen Ausführungen aufmerksam folgen und diese entsprechend würdigen.

Welche Erwartungen hast du an deine Zuhörer? Wie sollen sie sich verhalten? Ordne deine Ideen in den vorgegebenen Spalten.

Zuhören	Mitschreiben	Diskutieren

Wertvolle Hinweise dazu findest du auch im Kapitel „Kurzreferat" (Seite 27–29).

Check-up: Einen Vortrag halten

CHECKLISTE ···

Inhalte

- ▪ Überblick über Thema, Dauer und Gliederung geben!
- ▪ Interesse durch interessanten Einstieg erwecken!
- ▪ Verdeutliche den Zusammenhang von Vortrag und Unterricht!
- ▪ Betone das Wichtigste mehrfach!
- ▪ Veranschauliche das Gesagte durch Beispiele oder Vergleiche!
- ▪ Fasse die Hauptthesen am Ende nochmals zusammen!
- ▪ Rege die Diskussion durch mögliche Problemformulierungen an!

Verständliches Sprechen

- ▪ Verwende möglichst konkrete Begriffe!
- ▪ Erkläre Fachbegriffe!
- ▪ Vermeide verschachtelte Sätze! Formuliere kurz und prägnant!
- ▪ Erleichtere das Verständnis durch eine gute Gliederung!
- ▪ Überfrachte deinen Vortrag nicht mit Informationen!

Und außerdem ...

- ▪ Sprich deutlich, laut genug und nicht zu schnell!
- ▪ Halte Blickkontakt und achte auf Reaktionen bei deinen Zuhörern!
- ▪ Unterstütze deine Ausführungen durch eine angemessene Gestik und Mimik! Achte auf Natürlichkeit!
- ▪ Vermeide Eintönigkeit, indem du Sprechpausen machst und in Lautstärke und Betonung variierst!
- ▪ Unterstütze den Verstehensprozess bei deinem Publikum, indem du Medien (Folien, Bilder usw.) einsetzt und Thesenpapiere verteilst!

5

Umfassende Informationen auswerten

Texte exzerpieren

Je länger und umfangreicher dein Referat – oder später deine Facharbeit – werden soll, desto mehr Material musst du sichten. Damit
dir das gut gelingt, stellen wir dir nun eine grundlegende Technik
vor:

Phase 1 Entscheide, welche der recher-chierten Bücher oder Aufsätze generell zum Thema passen.	**Phase 2** Einzelne Kapitel, Absätze oder Textpassagen auswählen, die konkret in den Gedankengang deiner Arbeit aufgenommen werden müssen.	**Phase 3** Die ausgewählten Texte oder Textpassagen gezielt bearbei-ten, um sie zu verstehen.

Thematische Zusammenhänge zum Thema feststellen: <ul><li>Titel</li><li>Kapitelüberschriften</li><li>Inhaltsverzeichnis</li><li>Vorwort</li><li>Einleitung</li><li>Stichwortverzeichnis</li></ul>	**Inhaltliche Bezüge** zum Thema klären: <ul><li>Lesen von Kapitelanfängen</li><li>Querlesen einzelner Texte, Textpassagen oder Artikel</li></ul>	**genaues Erfassen** und **Auswer-ten** der ausgewählten Texte: <ul><li>Anwenden der „Fünf Arbeitsschritte zum Textverständnis"</li><li>Exzerpieren</li></ul>

[Tipp]

Zitate
Achte bei wörtlichen Textauszügen auf die richtige Zitierweise.

Im Phasenschema auf der vorangegangenen Seite wurde auf die Methode des Exzerpierens hingewiesen. Das Exzerpieren ist eine weitere Möglichkeit, Gelesenes genau und detailliert verfügbar zu machen.

Das Exzerpt

→ Ein Exzerpt ist ein wörtlicher oder sinngemäßer Textauszug des Gelesenen.
→ Unabdingbare Bestandteile eines Exzerpts sind thematisches Stichwort, Schlagwort und Quellenangabe.
→ Ziel eines Exzerpts ist die Zusammenstellung zentraler Informationen, Thesen, Argumenten und Meinungspositionen in übersichtlicher Form.

Es ist auf verschiedene Weisen möglich, Exzerpte anzufertigen, etwa auf DIN-A4-Blättern oder Karteikarten.

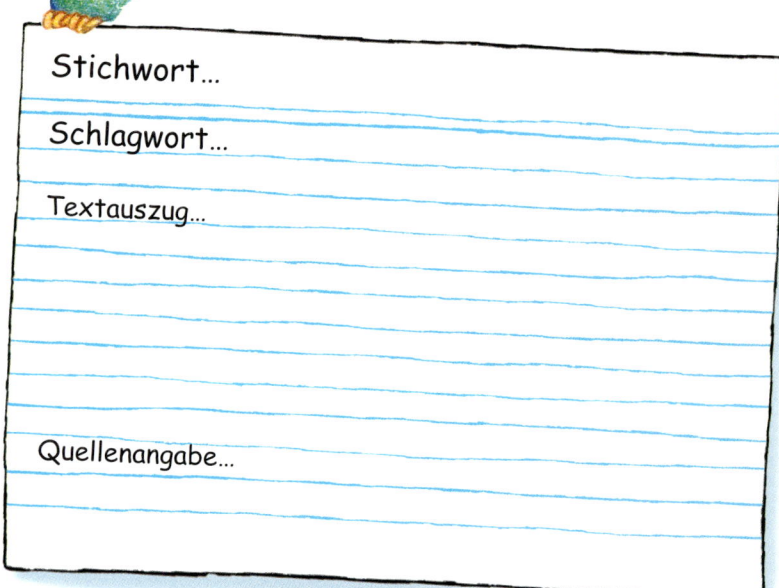

Stichwort...

Schlagwort...

Textauszug...

Quellenangabe...

Wir haben den nebenstehenden Text gründlich gelesen und bereits eine Karteikarte angelegt – du hast somit ein Beispiel, an dem du dich in Zukunft orientieren kannst.

Commedia dell'Arte

Wurzeln/Entstehung der Commedia dell'Arte

Zwei Erklärungsansätze zur Entstehung:
1. Römische Atellanen: Possen um Bauern oder Bürger
   Aber: Überlieferung bis in die Renaissance nicht nachweisbar

2. Karneval und Narrenspiele, Akrobaten oder Spielleute.
   → Ewiger Spieltrieb des Volkes

Quelle: Lange, Wolf-Dieter. Commedia dell'Arte: Die Kunst der Improvisation. In: Der Brockhaus multimedial 2003 premium

Doch wie kam es zur Ausbildung einer solchen Gattung? Von den Römern kennen wir die „Atellanen", einfache realistische Possen um Bauern oder Bürger, deren Darsteller Masken trugen, denn sie verkörpern keine Einzelcharaktere, sondern Typen, so zum Beispiel den blöden Maccus und den ebenso dummen Bucco, den schusseligen Alten Pappus und Dossennus, den buckligen Gelehrten, der wohl zugleich auch ein Vielfraß war. Die Komödien des Plautus sollen von den Atellanen Anregungen erfahren haben. Die Überlieferung dieses Genres bis in die Renaissance ist jedoch nicht nachweisbar. So bleiben andere Erklärungsversuche – der Karneval etwa mit seinem bunten Maskentreiben; Narrenspiele, die eine Umkehrung der sozialen Wirklichkeit in Szene setzten; schauspielernde Akrobaten, Jongleure und Spielleute, die ihre Fertigkeiten auf Märkten und Messen vorzeigten; der ewige Spieltrieb des Volkes, der sich nach langer Verborgenheit in der mündlichen Weitergabe endlich erfolgreich manifestierte, nachdem er in den oberitalienischen Hochzeitsfarcen ein eher kümmerliches, räumlich begrenztes Leben geführt hatte.

[aus: Brockhaus multimedial 2003 premium; Stichwort: Commedia dell'Arte]

Visualisieren

Die Fähigkeit, Informationen, Ergebnisse, inhaltliche Beziehungen oder strukturelle Zusammenhänge optisch darstellen zu können, ist für jedes Referat, später auch für längere wissenschaftliche Arbeiten sowohl für die Phasen der Planung als auch während der Ausarbeitung von Bedeutung.

Dabei können die verschiedenen Möglichkeiten der Visualisierung für den Verfasser selbst eine wichtige Hilfe sein, um etwa Ideen zu entwickeln oder Gedanken zu ordnen.

In der fertig gestellten Arbeit hat die optische Aufbereitung für den Leser die Funktion, dass

→ Übersichtlichkeit erzeugt,
→ Verständnis vertieft,
→ Ergebnissen Aussagekraft verliehen und
→ Inhalte ansprechend gestaltet werden.

CHECKLISTE
Wichtige Visualisierungsmöglichkeiten
- Cluster
- Konspekt
- Mind-Map
- Tabellen
- Diagramme

Cluster

Das Clustern ist eine gute Möglichkeit, um im Prozess der Ideenfindung oder bei der Suche nach Gedankenverbindungen zu einer
bereits grob vorgegebenen Thematik weitere gedankliche Verknüp-
fungen und Einfälle grafisch festzuhalten. Ausgangspunkt ist eine
zentrale Formulierung, zu der frei immer weitere Gedankenverbindungen in Schlagwörtern notiert werden. Ergibt sich ein vollkom-
men neuer Gedanke, dann muss ein neuer Gedankenkreis gesetzt
werden.

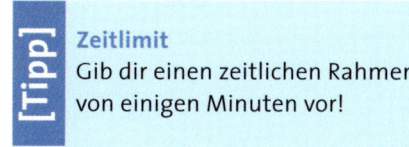

[Tipp] **Zeitlimit**
Gib dir einen zeitlichen Rahmen
von einigen Minuten vor!

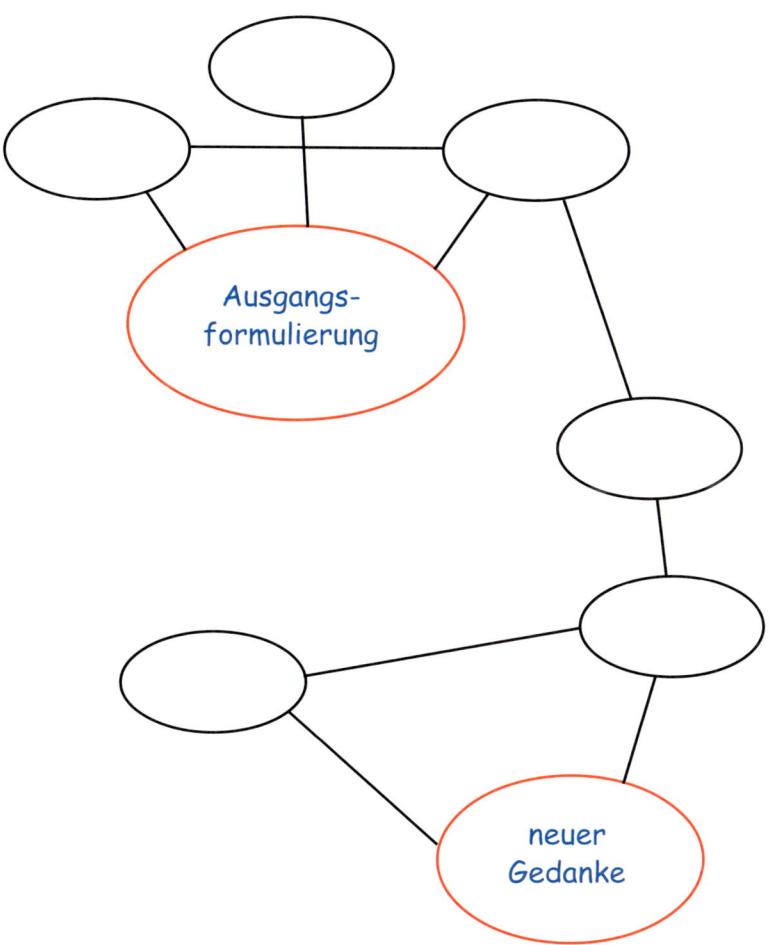

Konspekt
Der Konspekt (= Inhaltsübersicht,
Zusammenfassung) ist eine gute
Visualisierungsmöglichkeit, Texte
zu erarbeiten und zu verstehen.

Ziel: geraffter Überblick über die
zentralen Aussagen eines Textes

Methode:
→ Übersichtliche Darstellung der
   wesentlichen Textaussagen
   durch **prägnante** und **selbst-
   ständige** Formulierung.
→ Inhaltserschließende Fach-
   termini und Definitionen
   werden als **Zitate** übernommen.

Mind-Map

Die Übersetzung des bildhaften Ausdrucks Mind-Map als Gedankenlandkarte macht bereits deutlich, dass es hier wie bei einer Landkarte um die flächige Darstellung der Vernetzung von Gedanken ausgehend von einem zentralen Begriff, einem Satz, einem Thema oder auch einem Bild geht. Von diesem Zentrum ausgehend veranschaulicht die „Karte" die weiteren möglichen gedanklichen Verästelungen.

Mind-Maps können gut sowohl bei der Ideenfindung als auch bei der Erarbeitung von Texten eingesetzt werden.

Versuch es doch selbst einmal! Trag weitere Begriffe in die vorgegebene Struktur der Mind-Map zum Thema Italien ein und erweitere sie anschließend.

Tabellen und Diagramme

Tabellen können heutzutage mithilfe von Textverarbeitungspro-
grammen schnell erstellt werden. Du musst nur die entsprechende
Stelle in deiner Facharbeit „anklicken", an der du die Tabelle einfü-
gen willst. In der Symbolleiste findest du dann zumeist auch schon
bei Standardeinstellung ein Symbol, um Tabellen zu erzeugen. Es
muss nur angeklickt werden und bei gedrückter linker Maustaste
kann die Anzahl der Spalten und Zeilen bestimmt werden, indem
der Mauszeiger nach unten bzw. nach rechts gezogen wird.

Diagramme

Für die Darstellung von Sinnzusammenhängen eignen sich eher
grafische Darstellungen. Einfach einzusetzen sind z. B. die beiden
folgenden Diagrammformen.

> **[Tipp]**
>
> **Übersichtlichkeit**
> Ein **Flussdiagramm** ist beson-
> ders geeignet, um Verläufe
> oder Entwicklungen, also dyna-
> mische Prozesse, zu erfassen.
>
> Mit dem **Baumdiagramm** kann hin-
> gegen sehr gut die sich vertiefende
> Differenzierung eines Sachverhalts
> dargestellt werden.

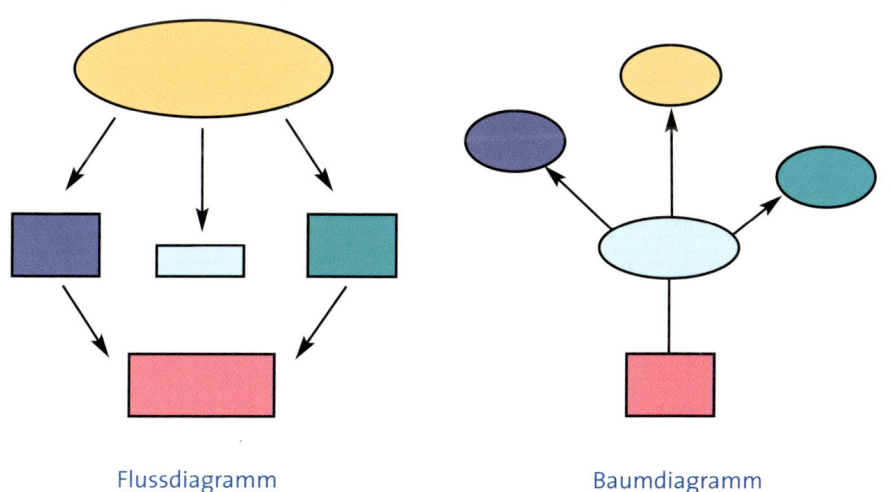

Flussdiagramm   Baumdiagramm

> **[Tipp]**
>
> **Tabellenkalkulationsprogramm**
> Müssen umfangreichere Tabel-
> len erstellt oder sollen Rechen-
> operationen mit den vorhande-
> nen Daten ausgeführt werden, so
> bietet sich die Verwendung eines
> Tabellenkalkulationsprogramms an.

Umgang mit Statistiken

In Statistiken und Schaubildern wird versucht, aus einer zumeist großen Datenmenge Typisches und Wesentliches im Hinblick auf eine bestimmte Fragestellung zu verdeutlichen bzw. zu veranschaulichen. Der Einzelfall tritt in den Hintergrund.

Vor allem, wenn ein Referat oder auch eine umfangreichere Arbeit in einem naturwissenschaftlichen oder gesellschaftswissenschaftlichen Bereich geschrieben wird, muss häufig statistisches Datenmaterial mit einbezogen werden, müssen Diagramme gedeutet oder Aussagen statistischer Erhebungen hinterfragt werden. Auf den ersten Blick wirken Datentabellen, Schaubilder oder Diagramme unmittelbar einsichtig, sie sind anschaulich und scheinen ein objektives Bild der untersuchten Zusammenhänge zu garantieren. Tatsächlich wird durch jede Statistik jedoch eine bestimmte Sicht auf den untersuchten Gegenstand angelegt, werden bestimmte Aspekte betont, andere bleiben gänzlich unberücksichtigt.

Der Umgang mit statistischem Material bzw. mit Diagrammen oder grafischen Darstellungen verlangt große Sorgfalt.

CHECKLISTE

Beim Umgang mit statistischem Material stellen sich immer drei grundsätzliche Fragen:
- 1. Von wem wurde die Erhebung durchgeführt?
- 2. Welches Ziel verfolgt die Untersuchung?
- 3. Welche Methoden wurden zur Erhebung des Datenmaterials angewendet?

Die statistischen Informationen, Diagramme oder grafischen Darstellungen werden nicht nur illustrierend eingesetzt, sondern sind Teil des Argumentationsgangs der Arbeit. Aus diesem Grund müssen die Materialien sorgfältig ausgewertet werden, um Ergebnisse zu erhalten, die abgesichert und reflektiert sind.

Bei der Auswertung ist es günstig, sich an den folgenden Fragen zu orientieren:

CHECKLISTE

- Wie kann eine genaue thematische Eingrenzung formuliert werden?
- Welche Schwerpunktsetzungen sind erkennbar? Welche Aspekte werden berücksichtigt, welche Aspekte werden nicht erfasst?
- Welche Auffälligkeiten lassen sich beobachten? Gibt es beispielsweise extreme Daten oder extreme Ausschläge im Verlauf einer Kurve?
- An welchen Stellen oder in welchen Bereichen zeigen sich keine oder nur geringfügige Veränderungen?
- Welche Schlussfolgerungen lassen sich ziehen?
- Sind mögliche Ursachen für einzelne Auswertungsergebnisse formulierbar?

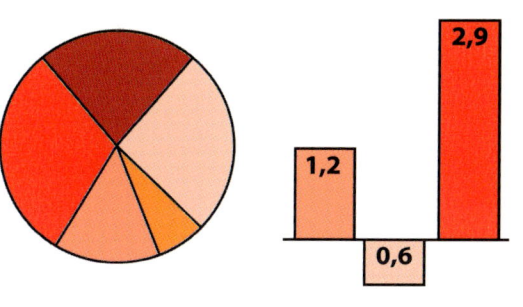

Kreisdiagramm   Säulendiagramm

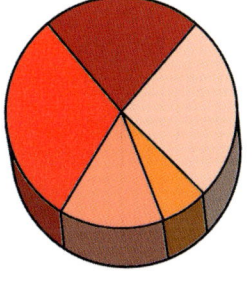

Tortendiagramm

[Tipp]
Diagramm benennen
Verwende insbesondere bei der Darstellungsform des Diagramms den Fachbegriff für die spezielle Art des Diagramms.

Facharbeit

Facharbeit – was ist das?

[Tipp]

Nur keine Panik!
Mach dir selbst – eventuell auch deinem Lehrer – klar, dass du (noch) kein bestimmtes Fachgebiet studierst, sondern lediglich eine Facharbeit neben dem üblichen Schulalltag schreibst!

Im Laufe deiner Schulkarriere, besonders in der gymnasialen Oberstufe, kannst du vor die Aufgabe gestellt werden, eine umfangreichere schriftliche Hausarbeit, auch Facharbeit genannt, selbstständig verfassen zu müssen. Wie bei einem Referat geht es darum, sich intensiv in ein Thema einzuarbeiten. Im Unterschied dazu wird allerdings zusätzlich die Darstellung als zusammenhängender Text erwartet. Facharbeiten sollen den Verfasser zu eigenständigem und forschendem Arbeiten anleiten. Dabei werden je nach Schulfach unterschiedliche Arbeitsmethoden von dir verlangt. So steht in geisteswissenschaftlichen Fächern häufig die Textarbeit im Vordergrund. Bei naturwissenschaftlichen Themen nimmt oftmals die Darstellung eines Versuchsaufbaus oder die Auswertung einer Statistik einen erheblichen Raum ein. So können die Aufgaben, die du bewältigen musst und nach deren Lösungen du später beurteilt wirst, recht unterschiedlich sein.

CHECKLISTE

- Themenfindung, Themeneingrenzung, Erfassen der Aufgabenstellung
- Materialbeschaffung, Recherche
- Erschließung von Texten und ihre kritische Beurteilung, Materialauswertung
- Darstellung der Ergebnisse in Form eines zusammenhängenden Textes

Themenfindung

Themenstellung und Zeitrahmen sind in der Regel durch den Unterrichtszusammenhang vorgegeben. In vielen Fällen gibt der betreuende Lehrer die Themenstellung vor. Dies ist besonders dann sinnvoll, wenn er bereits „Experte" in dem Themengebiet ist und somit einen besseren Überblick hat. Wenn du jedoch selbst an der Themensuche und -formulierung beteiligt bist, sprich diese unbedingt vorher mit deinem Betreuer ab. Auch die Erwartungen an den Textumfang sollten geklärt werden.

Um eine Facharbeit bewältigen zu können, muss grundsätzlich die Aufgabenstellung erfasst werden.

Für eine Facharbeit im Kunstunterricht sind folgende Themen denkbar:

a) Die Wirklichkeit der Bilder? – Malerei und Wirklichkeit im Italien des 15. Jh.
b) Die Kunstpolitik des Faschismus in Italien von 1922 bis 1943
c) Die italienische Kunst des vorigen Jahrhunderts – exemplarisch dargestellt an den Hauptwerken aus dem Museo d'arte contemporanea zu Mailand

Anhand der Themenstellung lassen sich Fragen und Unterkapitel formulieren, auf die man in der Facharbeit eingehen könnte.

[Tipp]

Beratungsgespräch
Bewährt haben sich Beratungsgespräche zwischen Schüler und Lehrer, in denen die Fragestellung des Themas von verschiedenen Seiten beleuchtet wird. Scheu Dich nicht, deinen Lehrer um ein solches Beratungsgespräch zu bitten.

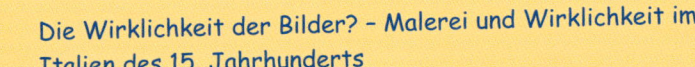

- Die Wirklichkeit der Bilder? – Malerei und Wirklichkeit im Italien des 15. Jahrhunderts

- – Wie hat sich die Wirklichkeit des 15. Jahrhunderts auf die Malerei ausgewirkt?
- – Wie lebten die Menschen im 15. Jahrhundert in Italien?
- – Welche Maler gab es?
- – Begriffsklärung: Wirklichkeit!? Was ist die Wirklichkeit?

Überleg doch gleich einmal selbst: Arbeite aus den Themenformulierungen b) und c) mögliche Fragestellungen heraus, auf die du in deiner Facharbeit eingehen könntest. Achte darauf, dass sich die jeweiligen Themen deutlich voneinander abgrenzen lassen.

Die Kunstpolitik des Faschismus in Italien (1922–1946)

Italienische Kunst des vorigen Jahrhunderts
(Museo d'arte contemporanea/Mailand)

[Tipp]

Fächerübergreifend
Nutze die Möglichkeit zur Kooperation mit anderen Fächern, wenn sie sich ergibt. Stelle aber keine zwanghaften Beziehungen zwischen den Fächern her.

Oftmals wird angeregt, die Facharbeit auch über die Fächergrenzen hinweg zu verfassen.
So könnte das Thema „Die Wirklichkeit der Bilder?" in Zusammenhang mit den Fächern Religion oder Philosophie gebracht werden.
Bei dem Thema „Kunstpolitik des Faschismus" wäre die Kooperation mit dem Fach Geschichte denkbar, und das Thema „Mailänder Kunstmuseum" könnte evtl. mit dem Fach Erdkunde verknüpft werden.

Arbeitsplanung

Der Erfolg einer Facharbeit hängt zu einem großen Teil davon ab, ob zunächst eine detaillierte Planung stattgefunden hat. Diese soll auch den persönlichen Arbeitsstil bedenken und mögliche Arbeitsprobleme in den Blick nehmen.

[Tipp]
Vorbereitung
- Eine gründliche Planung erleichtert dir die eigentliche Arbeit.
- Setz dir realistische Ziele!

CHECKLISTE

Phasen der Arbeit:

▢ **0. Vorplanung**
Feststehende Termine sollten vorher geklärt werden (z. B. Klausurtermine, Ferientermine, Abgabetermin). Vorüberlegungen zum Thema (Beratungsgespräche)

▢ **1. Materialbeschaffung**
Aufgrund der Fülle an zu bearbeitenden Texten und Materialien ist es notwendig, sich genau zu notieren, woher das Material bezogen wurde. Die exakten Quellenangaben müssen später auch im Literaturverzeichnis erscheinen.

▢ **2. Materialbearbeitung**
Über das Gelesene müssen Notizen gemacht werden (Zitate wörtlich herausschreiben, wichtige Gedankengänge knapp zusammenfassen).

▢ **3. Entwurf einer Gliederung**
Wissenschaftliche Arbeiten, also auch die Facharbeit, folgen immer dem gleichen formalen Aufbau.

▢ **4. Schreibarbeit**
Letztlich ist es auch entscheidend, ob es gelingt, die Ergebnisse sachlich angemessen und optisch ansprechend zu präsentieren.

[Tipp]
Unwägbarkeiten kalkulieren
Achtung: Wichtige Bücher können verliehen oder vergriffen sein.
- Kümmere dich rechtzeitig!
- Plan Zeitreserven ein!

Recherchieren

[Tipp]

Gesprächspartner
Du schreibst eine Facharbeit mit einem historischen oder gesellschaftlichen Thema? Dann suche dir Zeitzeugen und sprich mit Fachleuten, Autoren oder Vertretern bestimmter Gruppen und Parteien.

Um deine selbst gewählte Aufgabe bewältigen zu können, brauchst du selbstverständlich sachgerechtes und aktuelles Material. Es gilt, geeignetes Material zum Thema aus der Stofffülle aufzuspüren. Erste Hinweise findest du in Handbüchern und Lexika. Auch Schlagwort- bzw. Verfasserkataloge in Bibliotheken und Archiven können wertvolle Hinweise geben. Wenn in der Facharbeit über einen Autor oder eine berühmte Persönlichkeit gearbeitet werden soll, sollte ein Verfasserkatalog zurate gezogen werden. Schlagwortkataloge liefern Informationen über Veröffentlichungen zum Thema.

Bei der weiterführenden Arbeit sind Bücher noch immer unverzichtbar. Man unterscheidet zwischen Primär- und Sekundärliteratur, d. h. zwischen dem dichterischen Text und der wissenschaftlichen Literatur über alle Bereiche der Wissenschaft. Auch Kataloge und Bildbände können interessante Informationsquellen darstellen. Selbstverständlich dürfen heutzutage aber auch „moderne" Medien bei der Recherche nicht fehlen: Internet und CD-ROMs.

CHECKLISTE

Recherchemöglichkeiten
- Nachschlagewerk, Lexikonartikel
- Schlagwort-/Verfasserkatalog
- Fachbücher
- Museumsführer, Bildbände
- Internet
- CD-ROMs
- Befragung von Experten, Zeitzeugen

[Tipp]

Informationsmaterial
... wird häufig von Institutionen, Firmen etc. großzügig überlassen.

Eine besondere Anforderung stellt die kritische Bewertung des recherchierten Materials dar.

Im Kapitel „Einen Vortrag halten" (Seite 14) findest du weitere Hinweise, wie du Materialien auswerten kannst!

CHECKLISTE

Bewertungskriterien für Material zum Thema:

- Eigne dir eine kritische Distanz an. Generell gilt, dass nicht alles, was gedruckt ist, auch richtig ist! Informationen sollten möglichst durch eine zweite Quelle abgesichert werden!
- Prüf, wer die Informationen veröffentlicht hat!
- Verwende niemals Materialien als Grundlage für die eigene Facharbeit, wenn du diese nicht selbst verstehst!
- Stell keine Bezüge, Vergleiche, Zusammenhänge her, die dir selbst unlogisch erscheinen!
- Kontrollier, ob du mit dem ausgewählten Material auch wirklich beim Thema bleibst!

Verwaltung der Quellen

Solange du recherchierst, weißt du noch nicht genau, welche Materialien in der Facharbeit Verwendung finden. Um nicht den Überblick zu verlieren, solltest du dir eine praktikable Vorgehensweise zur Quellenverwaltung aneignen.

Du kannst zum Beispiel für jedes Material ein so genanntes „Quellenprotokoll" anlegen. Die Verwendung einer Loseblattsammlung oder einzelner Karteikarten ermöglicht es hierbei immer wieder, die Quellen neu zu ordnen. Diese Blätter sollten in einem eigens dafür angelegten Ordner gesammelt werden. Wichtig ist, dass deine Karteikarten immer nach dem gleichen Prinzip aufgebaut sind. Folgende Aspekte soll ein Quellenprotokoll enthalten:

1. Angaben über die Art des Materials (Text, Bild, Interview, Grafik …)
2. Bei Texten: bibliographische Angaben
3. Kurze Zusammenfassung des Themas
4. Platz für eigene Kommentare, Ideen, Gedanken
5. Querverweise zu anderen Materialien

Art des Materials: Text – Bild – Interview – Grafik –
Sonstiges: _____

Verfasser:
Titel:
Erscheinungsort/-jahr:
Fundort:
Seiten:

Thema:

Kommentar:

Querverweise:

[Tipp]

Duplizieren
Es empfiehlt sich, ein Formular ohne Eintrag als Vorlage zu entwerfen und dieses dann fotokopiert zu verwenden.

Bibliographieren

In einem Fremdwörterlexikon heißt es unter dem Stichwort „Bibliographie":

> **Bibliografie,** auch: Bibliographie *die;* -, ...ien:
> 1. Bücherverzeichnis; Zusammenstellung v. Büchern u. Schriften, die zu einem bestimmten Fachgebiet od. Thema erschienen sind.
>
> [aus: Duden, Band 5: Das Fremdwörterbuch]

In einem solchen Bücherverzeichnis müssen alle Bücher aufgenommen werden, die beim Verfassen deiner Facharbeit verwendet worden sind. Die exakte bibliographische Angabe kann später schnell vom Quellenprotokoll in das alphabetische Literaturverzeichnis übernommen werden.

Folgende bibliographische Angaben müssen berücksichtigt werden:

CHECKLISTE

- Autor/-in bzw. Herausgeber/-in (Nach- und Vorname, wobei der Vorname häufig abgekürzt wird)
- Titel, ggf. mit Untertitel
- Verlag (die Angabe des Verlages ist durchaus üblich, aber nicht zwingend erforderlich)
- Erscheinungsort und -jahr (u. U. mit Angabe der Auflage)
- Seitenangaben (wenn man einzelne Abschnitte bzw. Kapitel bibliographiert)

Ob du bei der Abgrenzung der einzelnen Teile der Literaturangabe Punkt, Komma, Doppelpunkt oder Strichpunkt verwendest, ist nicht festgelegt. Entscheidend ist, dass du dich für eine Art entscheidest und diese konsequent beibehältst.

[Tipp]

Quellenangabe Internet
Derzeit liegt keine einheitliche Regelung darüber vor, wie Texte aus dem Internet angegeben werden sollen. Zumeist werden im Literaturverzeichnis die benutzten Internetadressen angegeben.
Obwohl Internetadressen schnell veralten können, ist eine solche Zitierweise besser als gar keine Quellenangabe.

Hier ein Auszug aus der Bibliographie einer Facharbeit:

Heissler, Sabine: Frauen der italienischen Renaissance.
Heilige – Kriegerinnen – Opfer. Centaurus-Verl.-Ges.,
Pfaffenweiler 1990.

Pleticha, Heinrich: Die Toskana. Spurensuche im Land
der Etrusker und der Renaissance. Verlag Herder, Freiburg i. B.
1990, S. 159 ff.

Du bist dran! Verfass eine vollständige bibliographische Angabe zu
diesem Buch.

[Tipp]

Abkürzungen beim Bibliographieren

o. J.	für	ohne Jahr (wenn kein Erscheinungsjahr angegeben ist)
Hrsg. oder **Hg.**	für	Herausgeber/-in (wird in Klammern hinter den Namen gesetzt)
hrsg. v. oder **hg. v.**	für	herausgegeben von (wird hinter den Titel gesetzt)
ders., dies.	für	der- oder dieselbe Autor/-in bzw. Herausgeber/-in, (wenn man mehrere Texte eines Verfassers/ einer Verfasserin aufführt)
f. bzw. **ff.**	für	folgende Seite bzw. Seiten (statt S. 30–49 auch S. 30 ff. möglich)

Formale Vorgaben und Layout

Bevor du mit dem eigentlichen Schreiben der Facharbeit beginnst, solltest du dich genau über die formalen Vorgaben informieren. Dabei solltest du beachten, dass diese von Bundesland zu Bundesland variieren können – etwa, was den Umfang und den zeitlichen Rahmen einer Facharbeit angeht –, aber möglicherweise auch von Schule zu Schule leicht voneinander abweichen.

Die Hinweise, die in diesem Kapitel gegeben werden, richten sich nach allgemein gültigen Standards. Frage deinen Fachlehrer unbedingt nach den formalen Vorgaben, die an deiner Schule gelten.

Grundsätzlich sollte die Arbeit in gedruckter Form, d. h. mit Schreibmaschine oder auf dem Computer geschrieben, vorgelegt werden. Die fertig geschriebene Facharbeit muss in gehefteter oder gebundener Form abgegeben werden. Auf keinen Fall eine Loseblattsammlung abgeben!

[Tipp]

Vorgaben klären
Erkundige dich bei deinem Fachlehrer unbedingt nach den formalen Vorgaben für deine Arbeit, **bevor** du anfängst zu schreiben!

CHECKLISTE

Möglichkeiten der Heftung bzw. Bindung:
- Schnellhefter
- Klemmmappe
- Spiralheftung (Copyshop)
- Leimbindung (Copyshop)

[Tipp]

Vorteil Computer
Die Arbeit mit dem Computer hat den Vorteil, dass du den Text immer wieder korrigieren kannst. Außerdem kannst du ein ansprechendes Layout gestalten.

[Tipp]

Layoutstandards

Für das Layout gelten in der Regel die nebenstehenden Standards, die du unbedingt einhalten solltest. So ersparst du dir am Ende lästiges Umformatieren des Textes und kannst die Zeit besser zur Überarbeitung oder abschließenden Korrektur nutzen.

CHECKLISTE

- Papierformat: DIN A 4, einseitig beschrieben
- Zeilenabstand: anderthalbzeilig (1,5)
- Schriftgröße: 12 pt für den Text; 11 pt bzw. 10 pt für Anmerkungen oder eingerückte Zitate
- Schrifttyp: Times New Roman (12 pt)
  Arial (11 pt)
- Rand: links genügend Rand für die Heftung,
  rechts genügend Rand für die Korrektur
  oben 2–3 cm (4 cm bei Seitenzahl oben)
  unten 2–3 cm (4 cm bei Seitenzahl unten)
- Seitennummerierung: Titelblatt als Seite 1,
  Nummerierung aber nicht ausgewiesen.
  Inhaltsverzeichnis ausgewiesen als Seite 2,
  ab da fortlaufende Nummerierung
- Seitenzahl: oben oder unten auf der Seite,
  in der Mitte oder rechtsbündig

[Tipp]

Hervorhebungen ...

... im Text sollten fett oder kursiv gedruckt werden, Unterstreichungen hingegen sind unüblich. Insgesamt sollten Hervorhebungen sparsam verwendet werden, da sie sich sonst abnutzen!

Die Teile der Facharbeit und ihre Funktion

Eine wissenschaftliche Arbeit enthält neben dem eigentlichen Textteil weitere Teile, die für jede Arbeit verbindlich sind, unabhängig vom Fachbereich, in dem sie geschrieben ist. Diese gelten auch für deine Facharbeit.

CHECKLISTE

Für jede Arbeit verbindliche Teile:
- Deckblatt/Titelblatt
- Inhaltsverzeichnis/Gliederung
- Vorwort
- Einleitung
- Haupttext
- Anmerkungen
- Literaturverzeichnis
- Materialanhang
- Erklärung zur selbstständigen Abfassung der Facharbeit

Deckblatt

Das Deckblatt ist ein zusätzlicher Bestandteil der Facharbeit. Folgende Angaben sollten auf jeden Fall, zentriert gedruckt, auf dem Deckblatt enthalten sein:

CHECKLISTE

- Thema der Arbeit
- Fach, in dem die Arbeit geschrieben wird
- Name des Verfassers
- Ort und Jahr der Entstehung

[Tipp]

Schulbibliothek
Es lohnt sich, einen Blick in deine Schulbibliothek zu werfen. Dort findest du ganz bestimmt Facharbeiten, die während vergangener Schuljahre angefertigt wurden. Daran kannst du dich jederzeit orientieren.

Titelblatt

Das Titelblatt der Arbeit enthält die formalen Angaben für den Prüfungsvorgang „Facharbeit". Dabei ist genau festgelegt, welche Angaben enthalten sein müssen.

[Tipp]
Titelgestaltung
Bei der Gestaltung des Titelblatts kann man sich auch an den Titelblättern früherer Facharbeiten orientieren, soweit die Form für den betreuenden Lehrer akzeptabel ist.

CHECKLISTE

- Name der Schule
- Schuljahr, Kurs, Fach, in dem die Arbeit geschrieben wurde
- Name des Verfassers
- Thema der Arbeit
- Name des betreuenden Fachlehrers
- Ausgabetermin des Themas
- Abgabetermin der Arbeit
- Unterschrift des Schülers
- Unterschrift des Lehrers

Für die Gestaltung des Titelblatts gibt es an manchen Schulen ein entsprechendes Formblatt, nach dem du unbedingt fragen solltest.

Das Titelblatt wird als Seite 1 gezählt, erhält aber **keine** Seitenzahl!

[Tipp]
Optik
Achte darauf, das Titelblatt optisch ansprechend aufzuteilen.

Inhaltsverzeichnis/Gliederung

Das Inhaltsverzeichnis soll dem Leser einen schnellen Überblick über die Gliederung der Arbeit geben. Alle Teile der Arbeit sind deshalb aufgeführt und mit der entsprechenden Seitenzahl versehen. Dabei sind die Überschriften aller Gliederungspunkte, also der einzelnen Teile der Arbeit, der Kapitel und der Unterkapitel aufgelistet und nummeriert.

Man unterscheidet zwei **Nummerierungsprinzipien:**
– durch Zahlen (Dezimalsystem), z. B. 1., 2., 3. usw.;
– durch Zahlen **und** Buchstaben: sowohl Groß- als auch Kleinbuchstaben (gemischtes System), z. B. I.a, I.b usw.;

und zwei **Gestaltungsprinzipien:**
– das Linienprinzip: die Gliederung wird linksbündig untereinander geschrieben;
– das gestufte Prinzip: versetzte Anordnung der Gliederungspunkte.

CHECKLISTE

Achte bei der Gestaltung deines Inhaltsverzeichnisses darauf:
- Kapitelüberschriften prägnant und treffend zu formulieren,
- den logischen Zusammenhang deutlich auszudrücken,
- nicht zu allgemein oder zu kleinschrittig vorzugehen.

[Tipp] **Kontinuität**
Hast du dich einmal für ein Prinzip entschieden, so musst du es unbedingt beibehalten!

[Tipp] **Übereinstimmung**
Die im Inhaltsverzeichnis aufgeführten Überschriften müssen samt ihrer Nummerierung unbedingt mit den Überschriften, die im laufenden Text der Arbeit erscheinen, identisch sein. Deshalb alle Änderungen **sofort** ins Inhaltsverzeichnis übernehmen und umgekehrt. Beim Korrekturlesen darauf achten!

Vorwort

Das Vorwort einer Arbeit gehört nicht zum eigentlichen sachlichen Teil der Arbeit und kann deshalb etwas persönlicher gehalten sein. Du informierst den Leser etwa darüber, wie du zu dem Thema angeregt wurdest, was dich am Thema besonders interessiert oder auch, welchen Personen oder Firmen du zu besonderem Dank verpflichtet bist.

Einleitung

Im Gegensatz zum Vorwort, das für eine Facharbeit entbehrlich ist, ist die Einleitung ein notwendiger Bestandteil. Durch die Einleitung soll der Leser ganz konkret in die Thematik der Arbeit eingeführt werden. Folgende Aspekte können in ihr enthalten sein:

[Tipp]

Einleitung ...
... erst zum Schluss schreiben!

Erst dann weißt du genau, wie die Arbeit aussieht. Sollten sich Änderungen gegenüber der ursprünglichen Planung ergeben haben, so können diese berücksichtigt werden.

CHECKLISTE

- ☐ Thema abgrenzen und Themenschwerpunkt skizzieren
- ☐ Problemstellung formulieren und begründen
- ☐ Ziele der Arbeit darstellen
- ☐ Hinweise zur Methodik formulieren
- ☐ Gliederung des Haupttextes erklären und begründen
- ☐ Kriterien der Materialauswahl erläutern
- ☐ Materialien und ggf. Schwierigkeiten bei der Materialbeschaffung darlegen

Haupttext

Der Haupttext nimmt den meisten Raum der Facharbeit ein. In einem zusammenhängenden Text wird das Thema der Facharbeit ausgeführt. Die Ergebnisse der eigenen Auseinandersetzung mit dem Thema werden auf der Grundlage der Recherche und der Materialauswertung dargestellt. Die Gliederung bildet das Gerüst für den Text.

Die einzelnen Kapitel werden inhaltlich in logischem Zusammenhang entwickelt. Dabei soll die Darstellung klar und verständlich sein, sodass der Leser dem Gedankengang folgen kann.

Innerhalb der einzelnen Kapitel sollte eine weitere Unterteilung durch Absätze vorgenommen werden. Diese sollten zudem durch entsprechende Überleitungen miteinander verbunden sein, um so den gedanklichen Zusammenhang deutlich herauszuarbeiten.

Am Ende des Haupttextes werden die wichtigsten Ergebnisse noch einmal kurz zusammengefasst und dabei die Problemstellung der Einleitung wieder aufgegriffen.

Die Ausführungen zum Haupttext gelten auch für die Texte von naturwissenschaftlichen oder experimentellen Arbeiten. Zusätzlich müssen hier jedoch weitere Punkte behandelt werden.

KNOCHEN-KLONEN 5. VERSUCH

Hauptteil – experimentelle Arbeiten

Material und Methode
- Genaue Angabe der Geräte
- Verwendete Chemikalien
- Versuchsaufbau
- Versuchbedingungen
- Versuchsdurchführung

Versuche
- Übersicht über Versuchsreihen
- Versuchsergebnisse ohne Deutung

Diskussion der Ergebnisse
- Deutungsversuch
- Abgleich der Deutung mit der verwendeten Fachliteratur
- kritische Stellungnahme
- Hypothesen

Anmerkungen

[Tipp]

Fußnoten vom Computer verwalten lassen
- Die Fußnoten werden leserfreundlich unten auf die Seite gesetzt
- Der Computer formatiert den Text automatisch, sodass die Anmerkungen auf die jeweilige Seite passen.
- Die Anmerkungen werden automatisch durchnummeriert, auch wenn später noch Streichungen oder Ergänzungen vorgenommen werden müssen.

Es ist manchmal notwendig, dem eigentlichen Haupttext zusätzliche Bemerkungen hinzuzufügen, die entweder von formaler Art sind oder zwar irgendwie dazugehören, den eigentlichen Gang der Darstellung aber unterbrechen würden. Solche Ergänzungen können als „Fußnoten" in einen separaten Anmerkungsteil aufgenommen werden. Besser ist es jedoch, die Anmerkungen als Fußnoten unten auf die Seite zu schreiben. Für das Layout der Anmerkungen gelten die folgenden Standards:

Anordnung

→ als eigener Teil nach dem eigentlichen Textteil oder
→ als Fußnoten unten auf der Seite
→ einfacher Zeilenabstand
→ Schriftgröße 11 pt. bzw 10 pt.
→ beginnend mit Großschreibung
→ den Abschluss bildet jeweils ein Punkt

Durchnummerierung

→ kapitelweise oder
→ fortlaufend durch den gesamten Text

Inhaltlich können sich Anmerkungen beziehen auf:

→ Nachweise von direkten Zitaten;
→ Nachweise von sinngemäßen Zitaten;
→ Hinweise zu weiterführender Literatur;
→ Ausführungen, die nicht unmittelbar zum gerade formulierten Gedanken gehören, aber dennoch der Erwähnung wert sind;
→ Verweise innerhalb der Arbeit auf bereits Behandeltes oder noch Folgendes;
→ Verweise auf Statistiken, Diagramme u. Ä. im Materialanhang.

HEY!

Für den Nachweis von direkten oder sinngemäßen Zitaten sind einige weitere Hinweise zu beachten:

→ Wenn die Quelle eines direkten oder eines sinngemäßen Zitats angegegeben werden soll, so kann die bibliographische Angabe aus dem Quellenprotokoll übernommen werden. Es ergeben sich dabei folgende Änderungen bzw. Ergänzungen:

- Bei der bibliographischen Angabe einer Quelle in den Anmerkungen setzt man, im Gegensatz zum Quellenprotokoll und auch zum Literaturverzeichnis, den Vornamen des Autors auch vor seinen Zunamen.
- Die Seite, von der das Zitat übernommen wurde, muss zusätzlich angegeben werden.

→ Folgende Abkürzungen sind beim Nachweis der Quelle direkter oder sinngemäßer Zitate üblich:

CHECKLISTE

- „Vgl.": leitet den Nachweis von sinngemäßen Zitaten oder Hinweise zu weiterführender Literatur ein.
- „Ebd., S. 68": Anmerkung bezieht sich bei direktem Zitat auf dieselbe Quelle wie die unmittelbar vorhergehende Anmerkung (Ebenda, S. 68).
- „Vgl. ebd., S. 68": Anmerkung bezieht sich bei sinngemäßem Zitat auf dieselbe Quelle wie die vorhergehende Anmerkung (Vergleiche ebenda, S. 68).
- „Auerbach, a. a. O.": Anmerkung bezieht sich auf dieselbe Quelle, wie die zuletzt unter „Auerbach" genannte, nun aber auf eine andere Seite („am angegebenen Ort"), d. h., die Angaben zu Verlag, Erscheinungsort, Erscheinungsjahr werden durch a. a. O. ersetzt.
- „S. 68 f.": Seite 68 und die folgende Seite, also S. 68–69.
- „S. 68 ff.": Seite 68 und die folgenden Seiten, ohne dass deutlich wird, bis zu welcher Seite sich der Nachweis bezieht. Besser: genaue Angabe des Seitenumfangs, also S. 68–73.

[Tipp] **Unterschiedliche Nummerierung**
Werden ganze Sätze oder längere Passagen zitiert, so setzt man die Nummerierung der Anmerkung als Hochzahl hinter die zitierte Passage. Werden nur einzelne Wörter oder kurze Textstücke zitiert, so steht die Nummerierung direkt hinter dem Zitat, d. h., das Ende des Satzes, in dem das Zitat verwendet wird, bleibt unberücksichtigt.

[Tipp] **Neue Auflage**
Wenn es sich bei einem Buch um eine andere Auflage als die erste handelt, kann auch die Auflage als kleine Hochzahl vor das Erscheinungsjahr gesetzt werden. Beispiel:
[3]1998 bedeutet: 3. Auflage 1998.

Literaturverzeichnis

Das Literaturverzeichnis bietet einen Überblick über die gesamte tatsächlich verwendete Literatur, die entweder wörtlich zitiert oder auf die sinngemäß Bezug genommen wird. Um es noch einmal deutlich zu sagen: Es geht nicht darum, die gesamte Literatur, die man bei der Recherche zum Thema gefunden hat, aufzulisten, sondern nur die Literatur, die auch tatsächlich verwendet wurde.

Dabei wird die Literatur nach bestimmten Kategorien unterteilt und innerhalb der jeweiligen Gruppe alphabetisch angeordnet. Man unterscheidet:

Mehr zum Thema „Quellenprotokoll" findest du auf Seite 72.

→ Primärliteratur: Quellentexte, fiktive Texte (Gedichte, Romane etc.)
→ Sekundärliteratur: wissenschaftliche Literatur zum Thema
→ Hilfsmittel: Lexika, Wörterbücher
→ Internetadressen

Da du die Tipps zur Quellenverwaltung ganz bestimmt beherzigt und während der Recherche ein vollständiges Quellenprotokoll erstellt hast, bereitet dir das Erstellen des Literaturverzeichnisses bestimmt keine Schwierigkeiten: Die bibliographischen Angaben können aus dem Quellenprotokoll ins Literaturverzeichnis übernommen werden.

CHECKLISTE

- Autor/-in bzw. Herausgeber/-in (Nach- und Vorname, bei Herausgebern zusätzlich der Hinweis „Hrsg".)
- Vollständiger Titel, ggf. mit Untertitel
- Verlag (die Angabe des Verlages ist durchaus üblich, aber nicht zwingend erforderlich)
- Ggf. Angabe der Auflage, falls nicht die 1. Auflage
- Erscheinungsort
- Erscheinungsjahr
- Seitenangabe bei Aufsätzen

[Tipp]

Titelgestaltung
Für den Nachweis von Texten aus dem Internet gibt es noch keine einheitlichen Standards. Eine Möglichkeit ist jedoch auch hier, die Internetadressen in alphabetischer Reihenfolge anzugeben.

Materialanhang und Schlusserklärung

Im Materialanhang werden Informationen und Dokumente gesammelt, die den Textteil der Arbeit zwar ergänzen und erläutern, im Textteil selbst aber nicht abgedruckt sind, da sie den Gedankengang dort unterbrechen würden. Gerade in naturwissenschaftlichen Facharbeiten oder einer Facharbeit in einem gesellschaftswissenschaftlichen Fach wird ein Materialanhang häufig notwendig sein. Hier können verschiedenste Materialien verzeichnet sein. Einige sind in der folgenden Checkliste aufgeführt.

[Tipp]

Materialanhang

In den Anhang gehören wirklich nur Materialien. Keinesfalls sollte die Argumentation im Materialteil in irgendeiner Weise fortgesetzt werden, nur um vermeiden zu wollen, dass die vorgegebene Seitenzahl überschritten wird. In dem Fall ist es besser, den Haupttext zu überarbeiten und Kürzungen vorzunehmen!

CHECKLISTE

Das kann je nach Themenstellung in den Materialanhang deiner Facharbeit aufgenommen werden:

- Kartenmaterial und Lagepläne
- Statistisches Material
- Umfrageergebnisse
- Interviewmitschriften
- Fragebögen
- Beobachtungsprotokolle
- Schaltskizzen
- Versuchsanordnungen
- Fotos, die die praktische Seite einer Facharbeit dokumentieren

Achte darauf, dass der Materialteil wirklich nur solche Informationen und Dokumente enthält, die für die Facharbeit aussagekräftig und notwendig sind. Quantität ist nicht unbedingt ein Zeichen von Qualität!

Zu jeder Facharbeit gehört eine persönlich unterschriebene Schlusserklärung, in der man versichert, die Arbeit selbstständig und nur mit den angegebenen Hilfsmitteln verfasst zu haben. Diese Schlusserklärung ist als eidesstattliche Erklärung rechtsverbindlich. Sie steht, zusammen mit der Orts- und Datumsangabe, auf einem separaten Blatt. Es gilt nur die Originalunterschrift, eine Kopie ist nicht zulässig! Frage deinen Lehrer nach einem mit dem entsprechenden Text versehenen Vordruck, der nur unterschrieben und zur Arbeit geheftet werden muss.

Die sprachliche Gestaltung

Die sprachliche Gestaltung ist unter anderen ein Kriterium für die Bewertung von Facharbeiten, und zwar unabhängig vom Fach, in dem die Arbeit vorgelegt wird. Deshalb sollte man auch einige Zeit und Mühe auf die Sprache der Arbeit verwenden. Im Wesentlichen umfasst die sprachliche Gestaltung die Bereiche:

→ Stil
→ Grammatik
→ Rechtschreibung
→ und Zeichensetzung

[Tipp]

Augenmerk
Insbesondere bei der Überarbeitung des Textes sollte man auf die Bereiche Stil, Grammatik, Rechtschreibung und Zeichensetzung besonders achten!

Stil

Gut und treffend zu formulieren ist nicht immer einfach und fällt dem einen leichter, dem anderen schwerer. Zudem hat jeder seinen eigenen persönlichen Schreibstil, von dem man auch nur schwerlich abweichen kann. Dennoch lohnt es sich, einige stilistische Hinweise beim Schreiben zu beachten, die dabei helfen, sicher zu formulieren und einen unangemessenen oder unpräzisen Ausdruck zu vermeiden. Da es sich bei der Facharbeit um eine im weiteren Sinne wissenschaftliche Arbeit handelt, sollte der Stil angemessen sein.

CHECKLISTE
- Verwendung der Schriftsprache
- Vermeidung von Formulierungen und Wörtern aus der Umgangssprache
- Sachlichkeit im Ausdruck (Vermeidung von wertenden Adjektiven)
- Verwendung der Fachterminologie, ohne unnötig Fremdwörter anzuhäufen

Lies die folgenden Textausschnitte und bewerte sie hinsichtlich des Stils. Streiche die Auffälligkeiten im Text an und begründe auf dieser Grundlage deine Bewertung!

Auf gehts! Bewerte die drei Texte auf den Seiten 87 und 88 und begründe deine Meinung!

Die Commedia dell'Arte

Die Commedia dell'Arte entstand im 16. Jahrhundert, oder um es genau zu sagen, so ungefähr 1550 in Italien. Es ist eine Stegreifkomödie, d. h., die Schauspieler haben vorher nicht extra einen Text auswendig gelernt und sagen ihn einfach daher, sondern sie improvisieren. Nur der Handlungsverlauf und die Szenenfolge sind festgelegt. Das musste auch so sein, denn sonst wäre das Ganze im Chaos versunken.

Die Schauspieler waren alles Berufsschauspieler. Es gab feste Kommödiantentruppen, die manchmal nach herausragenden Schauspielern hießen. Eine Truppe waren immer zehn bis zwölf Mann. Frauen waren dabei auch immer Frauen.
Es wurden nicht einzelne Individualitäten dargestellt, sondern immer nur feste Typen. Fürchterlich wichtig sind die Zanni, die Diener. Unter denen sind die bekanntesten der Diener Arlecchino und die Dienerin Columbina, die zwar immer ein bisschen dumm sind und für manche Verwicklung verantwortlich sind. Aber am Ende wird glücklicherweise immer alles gut.

Mit der Theaterreform von Goldoni (Mitte des 18. Jahrhunderts) war es mit der Commedia dell'Arte leider vorbei. Erst das Piccolo Teatro in Mailand setzt sich seit 1947 Gott sei Dank wieder für eine Wiederbelebung der Commedia dell'Arte ein.

Die Commedia dell'Arte

Die Commedia dell'Arte entstand Mitte des 16. Jahrhunderts in Italien und war in ihrer Art originär. Sie präsentierte sich als Stegreifkomödie, die durch Improvisation den Text generierte. Nur der Handlungsverlauf und die Szenenfolge waren in concreto festgelegt.

Es war Usus, dass die Darsteller Berufsschauspieler waren, die ihr Angebot so präsentieren mussten, dass sie damit ihren Lebensunterhalt sichern konnten. Eine Schauspieltruppe setzte sich aus zehn bis zwölf Schauspielern zusammen. Eine für die Commedia dell'Arte charakteristische Besonderheit war, dass die Frauenrollen auch personaliter von Frauen gespielt wurden. Bei den dargestellten Personen wurde nicht so sehr der individuelle Charakter focussiert, als vielmehr der Typus. So gab es die so genannten Zanni, die Diener, deren Koexistenz von Sympathie und Vitalität den Typus kennzeichneten. Die von ihnen produzierte Gemengelage konnte am Ende jedoch immer wieder auf eine Lösung hin reduziert werden.

Die von Goldoni in der Mitte des 18. Jahrhunderts initiierte Theaterreform bedeutete das Ende der Commedia dell'Arte. Das Piccolo Teatro in Mailand réussiert seit 1947 darin, die Commedia dell'Arte wiederzubeleben.

Die Commedia dell'Arte

Die Commedia dell'Arte entstand Mitte des 16. Jahrhunderts in Italien. Als Stegreifkomödie war der Spieltext nur in Handlungsverlauf und Szenenfolge festgelegt. Die Dialoge hingegen wurden mithilfe eines Repertoires von Monologen und Dialogen improvisiert.

Die Darsteller in der Commedia dell'Arte waren Berufsschauspieler, deren Angebot gefallen musste, damit sie davon leben konnten. Eine Schauspieltruppe bestand dabei aus zehn bis zwölf Darstellern, wobei die Frauenfiguren auch von Frauen dargestellt wurden. Da Frauen in der Regel noch nicht einmal an öffentlichen Aufführungen teilnehmen durften, war dies eine Besonderheit der Commedia dell'Arte. Die Komödieninhalte entwickelten sich um eine kleine Anzahl von Typen, es wurden also keine individuellen Charaktere dargestellt. Der äußere Ausdruck der Commedia dell'Arte als Typentheater war die Verwendung von Masken. Im Mittelpunkt standen die Zanni, die Diener, deren bekanntester der Diener Arlecchino ist. Zusammen mit der Dienerin Columbina sorgte er für vielfältige Verwicklungen, die sich aber am Ende immer wieder lösten.

Goldonis Reform des italienischen Theaters in der Mitte des 18. Jahrhunderts bedeutete das Ende der Commedia dell'Arte. Seit 1947 setzt sich das Piccolo Teatro in Mailand erfolgreich für eine Wiederbelebung der Commedia dell'Arte ein.

Ein angemessener Stil zeigt sich auch im Satzbau, der nicht nur grammatisch korrekt sein, sondern auch einige stilistische Kriterien erfüllen sollte.

CHECKLISTE

- Verwende kurze verständliche Sätze!
- Verwende keine Schachtelsätze, aber auch keine bloße Aneinanderreihung von Hauptsätzen.
- Verwende Satzverbindungen, die die Satzteile logisch miteinander verknüpfen.
- Arbeite deine Argumentation deutlich heraus (etwa durch: daher, deshalb, denn, daraus folgt, im Gegensatz dazu).
- Variier den Satzbau! Achte dabei besonders auf die Satzanfänge, um Monotonie zu vermeiden.

Im folgenden Ausschnitt einer Einleitung ist der Satzbau an einigen Stellen nicht besonders gelungen. Unterstreiche und verbessere diese Stellen. Nutze dazu den Platz auf Seite 90.

Einleitung

Im Zentrum der vorliegenden Facharbeit steht der Vergleich des Romans „Erklärt Pereira" von Antonio Tabucchi mit dem gleichnamigen Film. Es kann aber nicht alles verglichen werden. Der Vergleich erfolgt nach Schwerpunkten. Die Schwerpunkte ergeben sich aus der Anlage des Romans. Zunächst wird kurz der Inhalt wiedergegeben. Dann folgen Ausführungen zur Erzählperspektive. Hier muss vor allem die Bedeutung des immer wieder vorkommenden Satzes „erklärt Pereira" gedeutet werden. Dann folgen Ausführungen zum historischen Hintergrund. Und dann wird die Figur des Pereira gedeutet. Bei der Analyse des Films werden die Schwerpunkte, die bei der Analyse des Romans gesetzt wurden, aufgegriffen, sodass, nachdem inhaltliche Veränderungen herausgearbeitet wurden, die filmische Umsetzung der Erzählperspektive untersucht wird, um dann Überlegungen zur Darstellung des historischen Hintergrunds und zur Anlage der Figur des Pereira anzustellen. (...)

Hier ist Platz für deine Verbesserungen:

_____

_____

_____

_____

_____

_____

_____

_____

Ebenso ist die Wortwahl für einen angemessenen Stil von großer Bedeutung. Denn ein unpassender Ausdruck kann nicht nur störend, sondern auch sinnentstellend wirken.

[Tipp]

Nachschlagen
Bei Unsicherheiten in sprachlichen Wendungen und Formulierungen sollte auf jeden Fall ein Wörterbuch zurate gezogen werden.

CHECKLISTE

- prägnante Begriffe und Formulierungen verwenden
- unpräzise Ausdrücke (etwa: Sache, Ding, Punkt) vermeiden
- Verwendung des immer gleichen Wortes/der gleichen Wendung innerhalb eines Abschnitts vermeiden
- Besser: Synonyme verwenden
- Keine neuen Wörter erfinden

Bestimmt findest du im unten stehenden Text einige Stellen, die du selbst besser schreiben kannst! Nutze dazu den Platz auf dem Notizzettel.

Die Erzählperspektive im Roman: „Erklärt Pereira"

(...) Auffällig ist die Verwendung des Satzes „erklärt Pereira", der in der Änderung „Pereira erklärt" und „erklärt er" immer wieder auftaucht. Dieser Satz kommt vom Titel des Buches und leitet die meisten Kapitel ein. Viele Kapitel enden auch mit ihm. Aber auch einzelne Abschnitte innerhalb der Kapitel haben diesen Satz als Anfang. Mit diesem Satz wird eigentlich eine indirekte Rede eingeleitet. Und so macht es auch der Autor im Roman. Dabei erscheint die indirekte Rede entweder im Konjunktiv oder mit einem dass-Satz. Aber das heißt natürlich nicht, dass der ganze Roman in indirekter Rede geschrieben ist. Es schlägt vielmehr um in eine personale Erzählweise. Dennoch ist dieser Satz aus bestimmten Gründen wichtig für den Roman. Er ist distanziert, sodass es scheint, dass Pereira irgendwie keinen Bezug zu der ganzen Sache hat. Wenn man nun auch den Untertitel des Buches, nämlich „Eine Zeugen-aussage", dazunimmt, so ergibt sich folgende Sache: Der Roman ist die Zeugenaussage des Pereira, der von den ganzen Dingen, die ihm passiert sind, distanziert berichtet. Es wird so der Eindruck vermittelt, als würde es ihn nicht betreffen, dass er seine gesamte Existenz weggegeben hat, um einmal in seinem Leben auch poli-tisch zu handeln, indem er die Unrechtsregimestaten in seiner Zeitung offen anklagt.

Gedankenführung

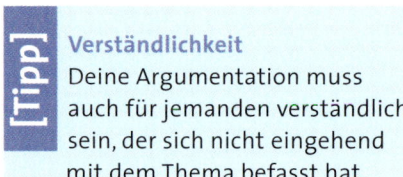

[Tipp]

Verständlichkeit
Deine Argumentation muss auch für jemanden verständlich sein, der sich nicht eingehend mit dem Thema befasst hat.

Beim Schreiben deiner Facharbeit solltest du unbedingt darauf achten, die einzelnen Kapitel logisch miteinander zu verknüpfen. Auch innerhalb jedes einzelnen Kapitels musst du die Gedankenführung und Argumentation möglichst deutlich und gut verständlich herausarbeiten. Der Aufbau eines Kapitels muss dabei folgende Kriterien erfüllen:

CHECKLISTE

- Die Argumentation innerhalb eines Kapitels muss durchgängig sein
- Es darf keine Brüche oder Gedankensprünge geben
- Redundanzen müssen vermieden werden
- Die Übergänge zwischen den einzelnen Abschnitten müssen so formuliert sein, dass der logische Zusammenhang deutlich wird

Vergleiche die beiden Textausschnitte. Was meinst du dazu?

Die Figur des Pereira

Die Änderung in der Haltung Pereiras wird erst durch die Ermordung des Monteiro Rossi hervorgerufen. Der politisch nicht interessierte Journalist ist zum Widerstandskämpfer geworden, der mit den ihm zur Verfügung stehenden Mitteln endlich Stellung bezieht. Erst jetzt erkennt Pereira die Wahrheit über das herrschende politische System. Pereira schenkte den Aussagen des Monteiro Rossi keinen Glauben und ist mehr von der schönen Freundin des Rossi angezogen als von der politischen Haltung der beiden. Deshalb ist er bereit, durch seinen Entschluss zu handeln, seine gesamte bürgerliche Existenz aufzugeben.

Keine Frage, der zweite Text ist nicht nur sprachlich deutlich besser. Dem Verfasser ist es gelungen, die Ereignisse so darzustellen, dass sie gut verständlich sind.

Die Figur des Pereira

(...) Pereira schenkt den Aussagen des Monteiro Rossi keinen Glauben und ist mehr von der schönen Freundin des Rossi angezogen als von der politischen Haltung der beiden. Die Änderung in der Haltung Pereiras wird erst durch die Ermordung des Monteiro Rossi hervorgerufen. Erst jetzt erkennt Pereira die Wahrheit über das herrschende politische System. Deshalb ist er bereit, durch seinen Entschluss zu handeln seine gesamte bürgerliche Existenz aufzugeben. Der politisch nicht interessierte Journalist ist zum Widerstandskämpfer geworden, der mit den ihm zur Verfügung stehenden Mitteln endlich Stellung bezieht.

Warum ist der zweite Text leichter verständlich? Begründe deine Meinung!

Texte überarbeiten

Auch wenn einzelne Kapitel oder Abschnitte während des Schreibens bereits verworfen und neu formuliert wurden, ist eine abschließende Überarbeitung des Gesamttextes notwendig. Denn erst wenn die Arbeit als Ganzes vorliegt, lassen sich die Zusammenhänge und die Darstellung insgesamt überblicken. Schlussfolgerungen und Ergebnisse der Arbeit liegen nun schriftlich fixiert vor. Die folgenden Kriterien hast du bereits beim Schreiben deiner Arbeit berücksichtigt:

CHECKLISTE

- Logik der Gedankenführung innerhalb der einzelnen Kapitel
- Ansprechende sprachliche Gestaltung (Stil, Satzbau, Wortwahl)
- Rechtschreibung und Zeichensetzung
- Erfüllung aller formalen Vorgaben und Standards

Lies deine Arbeit gründlich durch und überprüfe, ob du dich durchgängig an diese Kriterien gehalten hast.

In diesem letzten Arbeitsgang musst du zudem darauf achten, die Arbeit als Ganzes zu bewerten:

CHECKLISTE

- Überprüfe die Gliederung.
- Überprüfe, ob die Aussagen deiner Arbeit insgesamt zum Thema passen.

[Tipp]

Genug Zeit einplanen
Bereits bei der Planung sollte genügend Zeit für die Überarbeitung des Gesamttextes angesetzt werden. Mit eingerechnet werden sollte dabei auch die Zeit, die eine andere Person zum Korrekturlesen benötigt.